Maria Groß

MEIN GARTEN, MEINE REZEPTE

ANBAUEN, ERNTEN, GENIESSEN

INHALT

MEIN GARTEN

MEINE REZEPTE

WIE DIE JUNGFRAU ZUM GARTEN

Dass es mit mir und dem Gärtnern so ausgeartet ist, hat seinen Ursprung in der besonderen Zeit seit März 2020, als wir uns alle im sogenannten Lockdown wiederfanden. Dass wir eine Zwangsfreizeit hatten, das sind wir als Gastro-Arbeitstiere ja gar nicht gewöhnt. Ich als Naturmensch habe mich dann als „Ablenkung" viel an der frischen Luft aufgehalten. Und habe versucht, etwas zu schaffen, was auch nach der Krise noch Bestand für meinen Beruf hat. Fürs Restaurant. Es war ja auch seltsam, dass in Krisenzeiten auf einmal bestimmte Dinge gar nicht mehr zu bekommen waren. Die Warenströme waren unterbrochen, die Erzeuger womöglich in Kurzarbeit oder Schwierigkeiten. Selbst als wir in den Sommermonaten 2020 dann mal wieder öffnen durften, sind wir an bestimmte Sachen gar nicht mehr rangekommen. Dann denkt man: Wieso mache ich nicht noch mehr selbst? Auch wenn dann mal was nicht gelingt: Ein nicht 100 Prozent perfektes Produkt ist immer noch besser als vieles aus Massenkultivierung aus Gewächshäusern mit Kunstlicht und Kunsterde.

Klar, grüne Daumen sind ja nicht jedem angeboren, da muss man sich erst einmal rantasten. Am Anfang standen die Fragen, was benutze ich oft in der Küche, was ist nur überteuert im Handel zu kriegen und welches Gemüse kümmert sich am besten um sich selbst, denn mir war klar: Irgendwann will ich wieder mehr in der Küche stehen. Das Gemüse soll wachsen – aber mir nicht über den Kopf.

Aber wie legt man so einen Garten eigentlich an? In den Fachbüchern klingt es immer so einfach. Doch in der Praxis beweist es sich, ob man wirklich begriffen hat, worum es geht. Und man lernt ja auch ständig dazu: Was zum Beispiel im Vorjahr nicht funktioniert hat, muss man ja nicht auf Biegen und Brechen wieder versuchen anzubauen. Oder was tendenziell früher schon an seinem Fleckchen glücklich war, muss man ja auch nicht zu anderem zwingen.

Wichtig ist mir: Bedenke bitte bei jeder Zeile, die du liest – es handelt sich um meine Erfahrungen. Ich bin keine Professorin der Gartenbauwissenschaften. Ich bin Maria. Trial and Error liegen mir näher als „das geht nur so und so und sonst gar nicht" aus Lehrbüchern. Manches hier mag in anderen Büchern anders stehen. In diesem Buch steht es so, wie ich es in den letzten Jahren erlebt habe. Und wenn das Buch hilft, zu animieren, auch nur einen Rosmarinstrauch, eine Fenchelknolle oder eine Gurke mehr im eigenen Garten, auf dem eigenen Balkon anzupflanzen, egal wie, umso schöner für uns alle.

Herzliche Grüße

Maria

mein GARTEN

IN MEINEM GARTEN MUSS ES, WIE IN MEINER KÜCHE, NICHT PERFEKT UND BLOSS NICHT KOMPLIZIERT SEIN! ICH LASSE MICH VON DEM INSPIRIEREN, WAS DA IST.

AUF DIE ZUTATEN KOMMT ES AN

ICH LIEBE ES UNKOMPLIZIERT. NICHT NUR BEIM KOCHEN, SONDERN AUCH BEIM GÄRTNERN. DAZU BRAUCHT ES ABER EINE GUTE VORBEREITUNG.

Wer mich kennt, weiß ja: Ich muss es nicht kompliziert und perfekt haben. Nicht in meiner Küche – und noch viel weniger in meinem Garten. Dafür ist er auch viel zu groß. Lieber lasse ich mich inspirieren von dem, was um mich herum ist, und arbeite damit. Das empfinde ich als äußerst befreiend. Wobei „perfekt“ auch Ansichtssache ist. Für mich bedeutet perfekt, wenn es um mich herum blüht, die Insekten sich freuen und Gemüse, Obst und Kräuter gut wachsen und schmecken. Dafür braucht es eine gute Vorbereitung, aber die mache ich dann auch gern.

Das Handwerkszeug

Fangen wir am Anfang an: Mit dem richtigen und gutem Handwerkszeug geht alles viel leichter von der Hand und macht außerdem mehr Spaß.

Ich stehe ja noch am Anfang meiner Gärtnerinnenkarriere, kann also auch nicht so genau sagen, was du haben musst oder was du vielleicht auch nicht brauchst. Ein bisschen typisch ist ja, dass man sich erst mal komplett ausrüstet und noch gar nicht weiß, ob einem das, was man da vorhat, überhaupt liegt. Der Handel macht da ja auch ordentlich mit und suggeriert dir einen Mangel, wo gar keiner ist. Mein Credo im Garten war bisher immer eher: Ich lege erst mal los, gucke dabei, was mir fehlt, und besorge nur, was nötig ist. Deshalb sage ich auch dir: Du brauchst keine 50.000 Gartengeräte.

Allerdings habe ich in den letzten Jahren in Qualitätsprodukte investiert. Denn die Werkzeuge, die ich vorher mal günstig beim Discounter geschossen hatte, haben es nie besonders lang gemacht. Das rechnet sich dann auch nicht. Und einige tolle Erbstücke habe ich auch, etwa eine Hacke, die noch mein Vater, der Schlosser war, geschmiedet hatte. Die kann man im-

mer wieder selbst schärfen. Wobei, ich habe sie zusammen mit meiner Oma geerbt, sodass ich mir meine Lieblingshacke mit ihr teile. Diese alten Geräte sind zwar schwerer, weil sie aus härterem Stahl sind, dafür sind sie auch unverwüstlich. Manchmal finde ich gute, alte Geräte auf dem Trödelmarkt – mit einem neuen Stiel dran hat man gleich ein super hochwertiges Werkzeug, das wirklich seinen Zweck erfüllt. Scharfe Werkzeuge sind auf keinen Fall zu unterschätzen, sie machen ihre Arbeit um ein Vielfaches besser als ein stumpfes Werkzeug. Gerade bei dem lehmigen Boden mit dem vielen Kalk im Garten der „Bachstelze“ ist das Gold wert.

Zum unverzichtbaren Handwerkszeug für die Gartenarbeit gehört für mich:

Hacke: Uund zwar die von meinem Vater, siehe oben. Die Hacke habe ich viel in der Hand, wenn‘s im Frühjahr ums Bestellen der Beete geht. Ich finde diese Arbeit übrigens höchst meditativ, ebenso wie das Umgraben und Auflockern.

Grabegabel: Ich mag sie lieber als den Spaten, wenn es darum geht, im Herbst das Gemüsebeet kräftig umzugraben oder aufzulockern. Oft mache ich das aber auch einfach mit meiner Lieblingshacke, indem ich sie hochkant halte. Nur wenn ich mal richtig tief oder gar ein neues Stück Boden umgraben muss, kommt der Spaten zum Einsatz.

Gartenschere: Ohne sie würden meine Beerensträucher (vor allem die Himbeersträucher) mir und der „Bachstelze“ über den Kopf wachsen.

Kräuterschere: Sie ist unverzichtbar, damit meine Kräuter frisch auf den Tisch (oder in den Topf) kommen. Die Klinge ist immer geschärft, denn für Zeitverschwendung habe ich keine Zeit.

Schubkarre: Oh ja, unbedingt eine Schubkarre! Worin sollte ich sonst alle meine Gartenabfälle zum Kompost oder zur Benjeshecke transportieren? Ich will ja nicht hundertmal hin und her laufen. Wer nicht dauernd einen Platten flicken will, investiert in eine Schubkarre mit Vollgummireifen.

Gießkannen: Natürlich brauche ich in meinem Garten etwas mehr als eine Gießkanne. Ich habe zwar auch einen Gartenschlauch, aber ich liebe Gießkannen, sie sind so nette Hingucker. Ich versuche, die Plastikdinger zu vermeiden, und bevorzuge Kannen aus Metall. Bei kleineren Flächen genieße ich es auch wirklich, meine Pflanzen rein mechanisch, nur mit meiner Armkraft zu wässern.

Alle Gerätschaften pflege ich nach Gebrauch natürlich schön, damit sie auch weiterhin gute Dienste leisten. Gerade bei Geräten mit Klingen finde ich das sehr wichtig: Sie müssen scharf sein, sonst wird man verrückt bei der Gartenarbeit (das ist übrigens wie mit den Messern beim Kochen). Und weil unser Garten so groß ist, räume ich alle Geräte nach der Benutzung gleich wieder dahin zurück, wo ich sie hergeholt habe – in mein Gartenhäuschen. Sonst würde ich sehr schnell die Gartenschere vor lauter Wildblumenwiese nicht mehr sehen.

Die „Zutaten“

Die richtigen „Zutaten“ sind wichtig, wenn das Gärtnern gelingen soll. Das bedeutet für mich: Die Gartenarbeit soll Freude bereiten, der Anbau der Umwelt guttun und das Ergebnis, also die Ernte, soll richtig großartig schmecken. Es ist beim Gärtnern wie beim Kochen: Die richtigen Zutaten machen am Ende den

JOHANNISBEEREN

SIE SIND DEM EIN ODER ANDEREN VIELLEICHT ETWAS ZU SAUER, ABER SIE SIND SOOO GESUND UND NOCH DAZU SUPERLEICHT ANZUBAUEN.

Familie: Stachelbeergewächse

Alter: mehrjährig

Vermehrung durch Ausläufer: später Herbst

Pflanz-/Setzzeit: am besten im späten Herbst

Pflanzabstand: 1,5–2 m

Erntezeit: rote und weiße Sorten Ende Juni bis August; schwarze Sorten ab Mitte Juli bis August

Wuchshöhe: 1–1,5 m

Boden: gut durchlüftet, nährstoffreich, leicht sauer

Nährstoffbedarf: Mittelzehrer

Standort: sonnig bis halbschattig, windgeschützt

Wasserbedarf: groß, nicht austrocknen lassen

Ernte: reife Beeren zwei- bis dreimal pro Woche ernten; ganze Rispen abschneiden und in Körbe legen, nicht zu viele übereinanderschichten

Lagerung: nicht waschen, nicht von den Rispen lösen; maximal 1 Tag im Kühlschrank nebeneinander auf einem Teller mit Folie bedeckt

gute Nachbarn: Blaubeeren, Erdbeeren, Tomaten, Zwiebeln, Knoblauch

schlechte Nachbarn: Himbeeren, Stachelbeeren

SCHNITTLAUCH

DIE AROMATISCHEN HALME SIND HOCHGESCHÄTZT. ABER AUCH DIE BLÜTEN SIND NICHT OHNE – EINE BEREICHERUNG FÜR DEN GARTEN, UND SIE SIND ESSBAR.

Familie: Amaryllisgewächse

Alter: mehrjährig

Aussaat: auf der Fensterbank ab Februar; ins Beet ab April

Pflanzzeit: März/April

Pflanzabstand: mind. 20 cm, Reihenabstand 20 cm

Keimung: Dunkelkeimer

Blütezeit: Mai bis August

Erntezeit: einige Wochen nach der Aussaat, das ganze Jahr über

verwendete Teile: Stängel, Blüten

Wuchshöhe: 10–50 cm

Boden: frisch, locker, nährstoffreich, kalkhaltig, feucht

Nährstoffbedarf: Starkzehrer

Standort: sonnig bis halbschattig

Wasserbedarf: regelmäßig gießen in warmen Monaten

Ernte: Halme 2–3 cm über dem Boden gleichmäßig mit scharfer Schere abschneiden; im ersten Jahr aber am besten nicht mehr als ein Viertel kürzen, dann wächst er im zweiten Jahr deutlich kräftiger nach

Lagerung: in einem Wasserglas mehrere Tage; tiefkühlen möglich

gute Nachbarn: Erdbeeren, Gurken, Petersilie, Tomaten

schlechte Nachbarn: Kohlgewächse

guten Geschmack aus. Natürlich braucht's dazu auch ein bisschen Zutun der Köchin oder, in diesem Falle, der Gärtnerin.

Darum kümmern wir uns jetzt erst einmal um die Dinge, die in meinem Garten die Basis für alles sind. Wobei ich gleich sagen muss: Natürlich ist bei mir am Anfang einiges schiefgegangen, und nicht alles (lang nicht alles!) war von Erfolg gekrönt oder hat auch nur ansatzweise so geklappt, wie ich es mir ausgemalt hatte. Einige Pflanzen sind gar nichts geworden, andere sind mickrig geblieben, die eine oder andere Ernte schmeckte einfach nur holzig ... Das alles hat mich aber nicht sonderlich geärgert – Schwamm drüber, und weiter geht's, ist mein Credo. Probieren geht schließlich über studieren, oder wie war das? Irgendwann hat man den Bogen raus, und wenn einem auch vielleicht kein grüner Daumen wächst, so weiß man doch, was man kann und was im jeweiligen Garten was wird und sich lohnt. Das macht dann auch viel mehr Spaß, als wenn man an etwas hängt, das nun mal auf deinem Boden ums Verrecken nichts werden will. Spaß soll ja auch dabei sein.

Ich habe das auch alles erst lernen müssen, als ich die „Bachstelze" und ihren großen Garten 2015 übernommen habe. Zum Glück hatte ich aber meine Berührungsängste schon früh auf Omas Feld ablegen können. Auf dem hatte ich schon immer eine gute Schule und in ihr eine gute Lehrerin. Seitdem ich mich aber noch tiefer in alles reingefuchst habe, kann ich dir sagen: Das Gärtnern ist eine Wissenschaft für sich.

Wenn es beim Gärtnern in der Praxis etwas werden soll, musst du etwas Theorie pauken. Hast du dann aber ein paar Basics wirklich verstanden, kannst du dich, wie ich, nach dem Motto herantasten: Learning by doing. Oder es einfach intuitiv ausprobieren. Mit dem ein oder anderen Rückschlag solltest du aber rechnen und ihn wegstecken können.

Guter Boden

Der Boden ist unsere Zutat Nummer 1. Ich mag die Bezeichnung „Mutter Erde". Die Erde schenkt uns all die schönen Geschöpfe, die aus ihr herauskommen. Am Anfang steht immer die Erde, in die wir die Samen säen oder die jungen Pflänzchen setzen. Unser Boden muss eine gute Mutter für unsere Pflanzen sein. Aber was ist ein guter Boden? Nun, er sollte vor allem ein idealer Wasser- und Nährstoffspeicher sein, also unseren Pflanzen ein Zuhause geben, in dem sie sich rundherum wohlfühlen.

Ich musste also erst einmal verstehen, dass alles, was ich anbaue, mit dem Boden um die „Bachstelze" zusammenhängt. Omas Feld, ein paar Kilometer entfernt, hat schöne schwarze Erde, wahnsinnig fruchtbar. Im Garten der „Bachstelze" bewirtschafte ich aber heute eher Lehm und Kalk. Und hart und steinig ist mein Boden auch, also nicht besonders einfach zu beackern. Ich habe mir dann als Erstes einige Rahmenbeete angelegt, also einen hölzernen Rahmen dort gesteckt, wo ich ein Beet haben wollte. Die Erde habe ich einmal durchgegrubbert und dann mit guter Pflanzerde aufgefüllt (siehe dazu S. 13). Sozusagen ein Hochbeet in flach. Das ist die schnellste Variante, um ein neues Beet anzulegen, ohne alles umackern zu müssen, gerade wenn der Boden seine Eigenarten hat wie bei mir. Außerdem stehen noch viele große Bäume auf dem Grundstück, die aus dem Boden eine Menge Nährstoffe ziehen. Neben den Rahmenbeeten habe ich noch echte Hochbeete, und hier und da grabe ich auch jedes Jahr im Herbst einfach den vorhandenen Boden um, lege das Laub der Bäume darauf und schütte frische Erde und frischen Kompost darüber.

Bodentypen

Du kannst natürlich auch mit deinem vorhandenen Boden arbeiten und ihn anreichern. Bevor du das tust, musst du aber erst mal wissen, um welchen Boden es sich handelt. Das kann man sogar erfühlen:

Rieselt die Erde durch deine Finger, dann handelt es sich um einen **Sandboden oder leichten Boden.** Die Erde ist sehr locker und durchlässig. Sandiger Boden erwärmt sich im Frühjahr schnell und kann von den Pflanzen gut durchwurzelt werden. Allerdings ist er dadurch auch sehr wasserdurchlässig, das heißt, der Wassergehalt ist in diesem Boden niedrig, ebenso der Nährstoffgehalt. Für deine Pflanzen ist also vor allem wichtig, dass du was unternimmst, damit dieser Boden Wasser und Nährstoffe besser speichern kann.

Dazu mischst du ihm etwas Lehm und Tonmineralien bei, damit er schwerer wird. Denselben Zweck erfüllen übrigens auch Laub, Humus oder Kompost.

Lässt sich die Erde mit den Händen gut kneten und zu einer glatten, klebrigen Kugel formen, hast du einen **Tonboden oder schweren Boden** – so wie ich in meinem Garten. Er ist ein prima Wasser- und Nährstoffspeicher, allerdings lässt er wenig Luft durch und ist schwierig zu bearbeiten, weil er sehr hart werden kann. Schwere Böden solltest du also mit Sand und regelmäßigen Kompostgaben etwas auflockern, damit die Pflanzen ihn gut durchwurzeln können.

Um den Boden meines ganzen Gartens mit Sand und Kompost anzureichern, ist er natürlich viel zu groß. Ich habe ja nicht fünf festangestellte Gärtner, die ständig alles umackern. Deswegen bleibt der Großteil meines Gartens im Urzustand, und das Anreichern des Bodens findet nur in den Rahmenbeeten statt.

Wenn du deine Erde zu einer Kugel mit Rissen formen kannst, dann gratuliere ich dir! Denn du hast den idealen Gartenboden: eine Mischung aus **Ton- und Sandboden.** Darauf gedeiht Gemüse besonders gut. Der Boden ist schön fruchtbar, weil er genug Nährstoffe und Wasser speichert, dabei hat er eine lockere Struktur, die von den Pflanzen gut durchwurzelt werden kann. Durch seine ausgewogene Struktur erwärmt sich der Boden auch schnell, was die Pflanzen gut wachsen lässt.

Wichtig ist dann noch, welchen **pH-Wert** der Boden hat: Ist er eher sauer und braucht also Kalk? Dafür gibt es Sets im Fachhandel oder der Apotheke, mit denen sich das ganz einfach selbst testen lässt.

Mein Boden ist sehr steinig, lehmig und kalkig. Ich habe vor ein paar Jahren mal eine Bodenprobe von einem Apotheker analysieren lassen. Dabei kam heraus, dass ich eigentlich nichts unternehmen muss,

ZUCCHINI

ZUCCHINI SIND EIN KALORIENARMES GEMÜSE, SIE BRINGEN SAFTIGKEIT UND FARBE IN VIELE GERICHTE.

Familie: Kürbisgewächse

Alter: einjährig

Anzucht: aus Samen

Vorziehen drinnen: Mitte April

Aussaat draußen: nach den Eisheiligen

Pflanztiefe: 1–2 cm

Pflanzzeit draußen: Mitte Mai

Pflanzabstand: 80–100 cm, Reihenabstand 70–100 cm, Saattiefe 2 cm

Keimung: Dunkelkeimer

Erntezeit: Früchte von Juni bis Frostbeginn, Blüten in der ganzen Saison (jeweils am Tag des Aufblühens)

verwendete Teile: Früchte, Blüten

Wuchshöhe: bis 60 cm

Boden: nährstoffreich

Nährstoffbedarf: Starkzehrer

Standort: sonnig

Wasserbedarf: reichlich

Ernte: kleine Früchte ab ca. 15 cm Länge regelmäßig ernten; 1–2 cm hinter Stielansatz abschneiden oder abdrehen; Blüten hinter dem Fruchtansatz abschneiden

Lagerung: wenige Tage im Kühlschrank

gute Nachbarn: Erbsen, Lauch, Möhren, Rote Bete, Zwiebeln

schlechte Nachbarn: Auberginen, Gurken, Kürbis, Melonen, Kartoffeln, Kohlarten, Paprika, Tomaten

um seine Qualität zu verbessern, weder was den pH-Gehalt noch was mögliche Giftstoffe betrifft. Sein Kalkgehalt ist also die gute Seite meines Bodens. Sein hoher Steingehalt macht es natürlich ziemlich mühsam, darin herumzugraben.

Übrigens: Nicht jeder Boden ist für jedes Gemüse, Obst oder für alle Kräuter gleich gut (oder schlecht) geeignet. Darum ist es neben der Analyse des Bodens sehr wichtig, welches Obst, Gemüse oder welche Kräuter du überhaupt pflanzen möchtest. Was auf welchem Boden gut wächst, erfährst du in den Steckbriefen in diesem Buch (du kannst sie auch im Register hinten nachschlagen).

TIPP: SCHLÄMMPROBE

Es muss nicht unbedingt eine Laboranalyse sein, auch mit einer einfachen „Schlämmprobe" kannst du super erkennen, wie dein Boden zusammengesetzt ist: Fülle dafür ein großes Schraubglas fast bis zum Rand mit Wasser und gib ein bis zwei Hände voll Gartenerde hinzu. Verschließe das Glas und schüttle alles kräftig durch. Lass es ein paar Minuten stehen: Grobe Sandkörner lagern sich dann am Boden des Glases ab, die Tonteilchen wabern im Wasser herum, unzersetzte Pflanzenteile schwimmen oben. Je nach Dicke der Schichten lässt sich so gut erkennen, welche Bestandteile in welchem Verhältnis in deinem Boden vorkommen. Außerdem verrät auch die Farbe noch einiges über deinen Gartenboden: Ton färbt das Wasser eher rötlich, Humus fast schwarz.

Pflanzerde selbst machen

Du weißt jetzt also, dass eine Mischung aus Ton- und Sandboden in der Regel der beste Boden für deine Pflanzen ist. Diese Mischung kann man natürlich im Fachhandel erwerben. Aber viel besser und natürlich billiger ist es, wenn du eine gute und vor allem ganz „gesunde" Pflanzerde komplett selbst herstellst. Das hat den Vorteil, dass deine Pflanzen in ihr bestens versorgt und dadurch auch weniger anfällig für Krankheiten und Schädlingsbefall sind. Denn selbst gemachte Pflanzerde ist immer eine perfekte Erde, kein industriell gefertigtes Massenprodukt.

Du weißt, was in deiner Mischung drin ist und es gibt nichts Unerwünschtes, was ihr vonseiten der Industrie zugesetzt wurde.

Deine eigene nährstoffreiche Mischung hat noch weitere Vorteile: Du brauchst am Ende auch weniger Dünger. In hochwertiger Pflanzerde reichen die Nährstoffe ungefähr sechs bis acht Wochen. Erst danach sollte mal nachgedüngt werden. Mit welchen natürlichen Mitteln ich das mache, verrate ich noch.

Jetzt habe ich so viel Gutes von der selbst gemachten Erde erzählt, nun muss ich natürlich noch verraten, wie ich sie mache:
1 Teil lehmhaltige Gartenerde, 1 Teil reife Komposterde und 1 Teil Sand mische ich in einem Behälter (ich nehme dazu die Schubkarre). Wie viel benötigt wird, hängt natürlich davon ab, wie groß die Fläche ist, auf die die Erde ausgebracht werden soll. Ich mische alle Anteile gut miteinander durch. Das mache ich gern mit den bloßen Händen, weil ich es liebe, die Struktur der Erde so hautnah zu spüren.

Der Kompost ist übrigens unser organisches Material, das den Humus im Boden bildet, der bei der Wasser- und Nährstoffspeicherung hilft. Das riecht man dann sogar – er duftet irgendwie so gut und würzig nach Waldboden, herrlich! Da merkt man gleich: Das kann nur richtig und gesund sein.

So prüfst du, ob deine Erde das richtige Mischverhältnis hat: Sie sollte krümelig sein, sich aber zu einem Klumpen formen lassen.

Und damit bin ich dann auch schon fertig und kann meine Pflanzerde nun auf die Beete oder in Blumentöpfe oder -kästen ausbringen.

Noch ein Tipp: Vermeide es soweit wie möglich, in die Beete zu treten, das verdichtet den Boden. Früher habe ich immer gedacht, es ginge nur darum, die zarten Pflänzchen nicht zu zertreten. Natürlich geht es auch darum, aber eben auch um den Boden an sich. Ich mache mir deshalb zwischen meinen Gemüsepflanzen Trittpfade aus geschnittenen Baumscheiben. Das macht auch optisch was her, und wenn die Scheiben verwittern, geben sie ja sogar noch Gutes in den Boden ab. Bei Oma, wo das Feld einfach größer ist, machen wir Trampelpfade, um an die Ernte zu kommen. Ich bin keine Freundin davon, alles zuzupflastern und zuzubetonieren. Oma auch nicht.

Wer die selbst gemachte Pflanzerde auch für die Aussaat verwenden möchte, sollte sie noch in einem Erdsieb mit 6 mm Maschenweite durchsieben. Samen und Keimlinge wurzeln kräftiger, wenn der Boden schön feinkrümelig ist. Das ist aber meiner Meinung nach eine Arbeit, die man sich auch sparen kann.

Tipp: Unsere tolle Pflanzerde aus Gartenerde, Kompost und Sand ist leider für Erdbeeren nicht geeignet, weil Komposterde zu salz- und kalkhaltig ist.

Boden vorbereiten

Wenn du eine Anbaufläche über das Jahr stark ausgezehrt hast mit dem, was du angebaut hast, kannst du bis September eine Gründüngung aussäen. Daran ist besonders praktisch, dass du das Beet dann im Frühjahr nicht umgraben musst, weil die Wurzeln die Erde schon ausreichend auflockern. Die Pflanzen werden abgehackt, aber auf dem Boden liegen gelassen – das ist ein ganz natürlicher Kompost, den du nicht extra herankarren musst (mehr zur Gründüngung erfährst du auf S. 20).

Ob mit oder ohne Gründüngung: Nachdem ich meinen Boden im Frühjahr mit allem angereichert habe, was er braucht, muss er noch pflanzfertig gemacht werden. Das geschieht, wenn der Schnee weg ist und kein starker Frost mehr zu erwarten ist.

Zuerst entferne ich nicht verrottetes Pflanzenmaterial, Unkraut und Steine. Dann greife ich zur Grabegabel und lockere den Boden auf (falls vorher keine Gründüngung gepflanzt wurde). Das habe ich auch erst gelernt: Man sollte nicht zu doll umgraben, das schädigt den Boden nachhaltig. Ich lockere die Erde also nur vorsichtig auf. Dabei arbeite ich in meine Rahmenbeete Kompost ein (bei vorheriger Gründüngung ist das in der Regel nicht nötig, das haben die Pflanzen dann schon gemacht) und in meinen schweren Boden etwas Sand.

Wenn meine Beete schick gemacht sind, streue ich meine selbst gemachte Anzuchterde darüber, denn darin wurzeln die neuen Pflänzchen oder Samen am besten. Und dann kann es losgehen: Ich säe meine Samen aus und pflanze meine Stecklinge ein. Neben der Ernte ist das meine liebste Arbeit.

Du wirst sehen, es euphorisiert einen geradezu, wenn man so etwas Sinnvolles getan hat und die Pflänzchen wachsen sieht. Ich bin sogar ein bisschen stolz, wenn ich wieder mal Stecklinge in meine sorgsam vorbereiteten Beete setzen kann. Und ich weiß: Die erste Arbeit ist gemacht, die Natur riecht nach Aufbruch, und Mutter Erde ist bereit, uns zu beschenken. Jetzt musst du nur noch hoffen, dass kein Frost mehr kommt und den zarten Pflänzchen zusetzt.

ERDBEEREN

ALLE MÖGEN ERDBEEREN.
SIE SEHEN GROSSARTIG AUS UND SCHMECKEN UNGEMEIN LECKER – PUR, AUF KUCHEN, IN DESSERTS, KONFITÜREN, GETRÄNKEN ...

Familie: Rosengewächse

Alter: mehrjährig

Anzucht: Ende Januar bis Mitte März (Monatserdbeeren können nur aus Samen gezogen werden, sie bilden keine Ausläufer)

Pflanzzeit: für neue (ggf. selbst gezogene) Pflanzen: April bis Juli; Pflanzen von Ablegern eigener Erdbeerpflanzen: Hochsommer

Pflanzabstand: 30 cm, Reihenabstand 60 cm

Keimung: Lichtkeimer

Erntezeit: Mitte April/Mai bis Ende Juli (Wald-, Monatserdbeeren und immer tragende Sorten bis in den Oktober)

Boden: Sand- oder schwerer Lehmboden

Nährstoffbedarf: Mittelzehrer

Standort: sonnig und windgeschützt

Wasserbedarf: mäßig; leicht feucht; bei zu viel Nässe können Krankheiten auftreten

Ernte: in den frühen Morgenstunden, da haben sie das meiste Aroma; am Fruchtstiel pflücken

Lagerung: nicht waschen; wenige Tage im Gemüsefach des Kühlschranks, nebeneinander auf einem Teller mit Folie bedeckt

gute Nachbarn: Bohnen, Kräuter (Borretsch, Petersilie, Rucola, Schnittlauch), Knoblauch, Lauch, Radieschen, Salat, Spinat, Zwiebeln

schlechte Nachbarn: Kartoffeln, Kohlarten

PETERSILIE

SIE IST UNSER BEKANNTESTES KÜCHENKRAUT. IHRE BLÄTTER SIND DEKORATIV, OB GLATT ODER KRAUS, UND HABEN EIN WUNDERBARES AROMA.

Familie: Doldenblütler

Alter: zweijährig

Vorziehen drinnen: Februar/März

Aussaat/Pflanzzeit: von Mitte März (mind. 8 °C Bodentemperatur) bis Mitte Juni

Pflanzabstand: 10 cm, Reihenabstand 15–20 cm, Saattiefe 1 cm

Keimung: Dunkelkeimer

Erntezeit: Blätter 70–90 Tage nach Aussaat; Wurzel im Herbst

Blütezeit: im zweiten Jahr im Juni/Juli (Blätter sind dann ungenießbar, Samen giftig!)

verwendete Teile: Blätter und Wurzel

Wuchshöhe: 30–100 cm

Boden: nährstoffreich, leicht feucht

Nährstoffbedarf: Starkzehrer

Standort: sonnig (aber keine Mittagssonne) bis halbschattig

Wasserbedarf: regelmäßig gießen

Ernte: von größeren Pflanzen laufend ernten, „Herz" in der Mitte stehen lassen; regelmäßiges Ernten regt die Bildung junger Triebe an; vor Blüte im zweiten Jahr alle Blätter ernten

Lagerung: gleich verwenden; tiefkühlen möglich

gute Nachbarn: Knoblauch, Radieschen, Tomaten

schlechte Nachbarn: Anis, Fenchel, Koriander, Kümmel, Liebstöckel, Möhren, Sellerie

Doch halt! Bevor ich mit Säen und Pflanzen loslege, mache ich mir natürlich ganz genau Gedanken darüber, wo was in meine Beete kommt.

ICH UND MEIN „UNKRAUT"

Klar, du kannst alle deine Energie darauf verwenden, das Unkraut in deinem Garten restlos auszurotten. Wobei, gelingen wird dir das wohl nie. Ich lebe da eher nach dem Motto: Leben und leben lassen. Klar, ein bisschen im Zaum halten muss man das Unkraut, aber einiges kann man eben auch gut verwenden, wie zum Beispiel Giersch. Wenn du den im Garten hast, musst du dich einfach mit ihm anfreunden. Denn andernfalls müsstest du dein Beet einen halben Meter abtragen und neu auffüllen. Und die aussortierte Erde musst du auch abholen lassen, sonst verlagert sich das „Problem" nur an eine andere Stelle.
Unkräuter heißen eigentlich „Beikräuter". Klingt doch gleich viel netter, oder? Ich finde, wir sollten Mutter Natur einfach danken für das, was sie uns schenkt, und es auch annehmen. Bei ganz vielem geht es doch darum, was man daraus macht. Ich stelle also aus dem wuchernden Giersch lieber ein Pesto her (das Rezept dazu findest du auf S. 139), anstatt mich abzurackern, indem ich ihn überall herausreiße.
Im Frühjahr schmeckt Giersch übrigens zart, im Sommer etwas gegerbt, dann verarbeite ich seine Blätter, lege sie ein und verwende sie wie Weinblätter. Und aus Brennnesseln lässt sich ein supernatürliches Düngemittel machen (siehe S. 44). Meine Beikräuter und ich leben sozusagen in einer gesunden Koexistenz.

Pflanzplan

Ein Garten gibt dir eine Struktur vor – das habe ich gelernt. Gerade in der Zeit, in der wegen Corona alles durcheinandergeraten war und wir Gastro-Arbeitstiere eine Art Zwangsfreizeit einlegen mussten, war mein Garten für mich nicht nur ein wunderbarer Ausgleich zu all den Irrungen und Wirrungen da draußen. Er hat mir auch Arbeit gegeben, als meine normale Arbeit – für Gäste im Restaurant zu kochen – nicht möglich war. Und als Bewirtung dann wieder möglich war, hat er mir tatsächlich so viel geschenkt: Weil Lieferketten wegen der Pandemie unterbrochen waren, hatten wir Gastronomen auf einige Lebensmittel keinen Zugriff mehr. Diese habe ich dann zum Teil selbst angebaut. Es ist aber auch passiert, dass ein Gemüse einfach nichts geworden und ein anderes stattdessen durch die Decke gegangen ist. So ist es mir zum Beispiel mit Kohlrabi ergangen: Er ist in meinem Garten so super gewachsen, dass ich ihn spontan auf die Speisekarte genommen habe. Und ich habe gemerkt, wenn ich den Gästen ehrlich sage: „Tut mir leid, das Gericht kann es heute so nicht geben, weil ich das Gemüse nicht bekommen habe. Dafür habe ich aber eine super Alternative, die bei mir im Garten gewachsen ist", sind alle immer sehr offen, dankbar und neugierig darauf, es zu probieren. Immerhin fördern wir damit ja auch das, was wir alle wollen – saisonale Produkte aus der Region. Wenn das nicht nachhaltig ist!

Aber zurück zum Thema. Damit mir der Garten Struktur geben kann, braucht er selbst auch eine. Egal übrigens, ob es sich um eine große oder kleine Fläche handelt. Aber wie legt man einen Garten an? Ich war viel bei meiner Oma und habe früh von ihr gelernt, wie man auf dem Feld arbeitet, ich würde es fast schon „landwirtschaftet" nennen. Das Wissen, das ich von ihr habe, ist heute sehr hilfreich, obwohl ich im Garten der „Bachstelze" ein ganz anderes Konzept verfolge, nämlich das der Permakultur. Wir können auch „organisiertes Chaos" dazu sagen. Das klingt übrigens viel leichter als es ist, und man muss sich auch wirklich herantrauen.

Ich kann dir nur raten, erst einmal einen Plan von dem Ganzen zu machen, einen Pflanzplan sozusagen. Wie wichtig der aus verschiedenen Gründen ist, dazu komme ich gleich noch. Das hört sich wieder nach ganz schön viel Fachwissen an, ich weiß, aber es ist so hilfreich, um nicht zu sagen, notwendig. Hier nur ein paar Stichwörter aus meinem neuen Fach „Gartenkunde": Fruchtwechsel, Fruchtfolge, Mischkultur ... Oh ja, es gibt viel zu beachten. Aber wenn man das Prin-

zip einmal verstanden hat, bringt es viel Spaß – und auch Erfolg –, wenn man seinen Garten danach plant.

Viele planen ihren Garten für das nächste Jahr im Winter, denn da ist draußen nicht viel zu tun. Ich mache das aber am allerliebsten, wenn um mich herum noch alles wächst und gedeiht, inmitten meiner „grünen Hölle". Dafür suche ich mir ein lauschiges Plätzchen, von denen es in der „Bachstelze" genug gibt, und versorge mich mit dem Nötigsten (etwas zu trinken und kleinen Köstlichkeiten zum Essen – schau zur Inspiration mal ab S. 86 nach). Denn mal ehrlich: Wann kommen wir Gärtnerinnen und Gärtner schon mal dazu, uns in unseren Garten zu setzen und ihn einfach nur zu genießen?! Immer ist irgendwas zu tun, springt uns etwas ins Auge, das unbedingt sofort erledigt werden muss – und schwups stehen wir schon wieder im Beet, jäten Unkraut, binden junge Triebe hoch, bringen Stützen an ... Also nutze ich eine Auszeit im Garten zum Planen, denn Planung muss sein. Weil mir auch wichtig ist, dass ich meinen Garten leiden mag und er mir sinnvolle Dinge schenkt, sehe ich im Sommer am besten, wo ich im nächsten Jahr vielleicht etwas verändern will oder sogar muss, weil irgendeine Pflanze am vorgesehenen Ort eben doch nicht so gut gewachsen ist wie gehofft.

Ich überlege als erstes, was ich anpflanzen will: Gemüse, das ich in vielen Gerichten verwende oder das nur überteuert im Handel zu bekommen ist und das sich am besten um sich selbst kümmert. Denn mir war von Anfang an klar: Da ich viel Zeit in der Küche verbringe, soll das Gemüse zwar wachsen, aber nicht mir über den Kopf. Natürlich müssen meine Lieblingsgemüse dabei sein – ich stelle sie dir alle in diesem Buch vor. Besonders liebe ich die (fast) vergessenen Gartenschätze, die ich noch von meiner Oma kenne. Ich möchte sie in Erinnerung und in Ehren (be-)halten, darum pflanze ich sie auch jedes Jahr wieder an. Aber nicht jedem und jeder schmeckt dasselbe

gut – also geht's hier stark um meinen eigenen Geschmack beziehungsweise darum, was ich in der „Bachstelze" auf den Tisch bringen will.

Wie gesagt, ich habe einiges ausprobiert, um herauszufinden, welches Gemüse auf meinem Grund und Boden am besten wächst und was mir am wenigsten Arbeit macht. Mein Ziel ist, dass ich möglichst nur Obst, Gemüse und Kräuter mit „Gelinggarantie" anpflanze, die also einfach in Anbau und Pflege sind. Ich bin eben Anfängerin im Garten und brauche Erfolgserlebnisse. Das solltest du auch so handhaben, wenn du, wie ich, neu im Gartenmetier bist. Der grüne Daumen ist eben nicht jedem angeboren, bei manchen reicht es nicht mal für einen hellgrünen kleinen Finger, da muss man sich halt erst mal rantasten.

Bei mir gelingen zum Beispiel sehr gut Radieschen, Kohlrabi, Topinambur, Salat – na gut, den ziehe ich auch den Schnecken zuliebe –, Zucchini, Mangold und allerlei Kräuter (zu meiner großen Freude!), Rote Bete, Knoblauch, Zwiebeln und noch ein paar andere Dinge. Darum findest du die Aufgezählten auch als meine Lieblingsgemüse mit ihren eigenen kleinen Geschichten in diesem Buch.

Fruchtwechsel

So viel steht fest: Wenn du nehmen willst, dann musst du auch geben können: Mit einem Gemüsegarten nimmst du der Erde unglaublich viele Nährstoffe. Darum musst du dem Boden auch ganz viel zurückgeben. Das gilt übrigens erst recht für Balkonkästen, da reicht nicht nur ein Spritzer Flüssigdünger im Jahr. Aber dazu später mehr (siehe S. 80). Auch zum Thema Düngen kommen wir noch.

Aber wir können unserem Boden auch auf andere Weise Gutes tun. Etwa indem wir darauf achten, welche Pflanzen wie und wo und wie oft zusammen (oder auseinander) gepflanzt werden. Du bist ja auch nicht gern auf engstem Raum mit Leuten, die du nur so halb gut findest. Die Basis des Ganzen ist die sogenannte Vierfelderwirtschaft. Dafür legen wir vier Beete im Garten an und führen folgendes Rotationsprinzip durch: Drei Jahre lang wird auf einer Fläche etwas angebaut, danach darf sich der Boden ein Jahr lang regenerieren, das heißt, es wird nichts darauf angebaut. Jede Pflanzengruppe zieht Jahr für Jahr ein Beet weiter, das bedeutet, dass eine Pflanze frühestens nach vier Jahren wieder an derselben Stelle steht.

KOHLRABI

ER SCHMECKT WARM UND KALT GANZ WUNDERBAR ZART UND GLEICHZEITIG KNACKIG. ALSO RAN AN DIE KNOLLE!

Familie: Kreuzblütler

Alter: eigentlich zweijährig, wird aber im ersten Jahr geerntet

Aussaat: ab Mitte März ins Beet (nachts mit Vliesabdeckung)

Pflanzabstand: 30 cm, Reihenabstand 25–50 cm, Saattiefe 2–4 cm

Keimung: Dunkelkeimer

Erntezeit: 8–12 Wochen nach dem Pflanzen

verwendete Teile: Knolle, Blätter

Boden: neutraler, humoser Boden

Nährstoffbedarf: Mittelzehrer

Standort: sonnig, auch halbschattig

Wasserbedarf: regelmäßig gießen, damit die Knollen nicht aufreißen

Ernte: Pflanze aus dem Boden ziehen; Pfahlwurzel dicht an der Knolle abschneiden (aber nicht in die Knolle schneiden!); Blätter abbrechen

Lagerung: bis zu 3 Wochen (ohne Blätter) im Kühlschrank in ein feuchtes Tuch gewickelt; tiefkühlen möglich

gute Nachbarn: Bohnen, Erbsen, Gurken, Kartoffeln, Lauch, Radieschen, Rote Bete, Salat, Sellerie, Spinat, Tomaten

schlechte Nachbarn: Kohlarten, Zwiebeln

TOMATEN

ICH LIEBE DIE VIELFALT DER TOMATENSORTEN. FRISCH GEPFLÜCKT SIND SIE EINFACH EIN HOCHGENUSS UND ZUDEM UNENDLICH KREATIV IN DER KÜCHE EINSETZBAR.

Familie: Nachtschattengewächse

Alter: ein- bis mehrjährig, je nach Klima

Anzucht: von März bis Mitte April auf der Fensterbank; Saattiefe 0,5–1 cm

Pflanzzeit: ab Mitte Mai

Pflanzabstand: 60–70 cm, Reihenabstand 100–120 cm; Kultur in Töpfen gut möglich, Pflanzen sollten sich möglichst nicht berühren

Keimung: Lichtkeimer

Erntezeit: abhängig von Sorte, Pflanzzeitpunkt und Witterung von Juli bis zum Frost

Wuchshöhe: 35 cm–2 m, je nach Sorte

Boden: humos, locker, nährstoffreich

Nährstoffbedarf: Starkzehrer

Standort: sonnig, warm, möglichst windstill (ideal in der Nähe einer Südwand) und regengeschützt (Vordach oder mit Folienschutz)

Wasserbedarf: regelmäßig; bei Kübelpflanzen stets feuchter Wurzelballen; nur den Boden gießen

Ernte: rote Sorten ganz durchgefärbt, gelbe/grüne/dunkle geben auf Druck etwas nach, Sollbruchstelle am Fruchtstiel knickt leicht

Lagerung: kühl und dunkel, aber nicht im Kühlschrank

gute Nachbarn: Kohlrabi, Radieschen, Möhren, Salat, Spinat, Zwiebeln

schlechte Nachbarn: Erbsen, Fenchel, Kartoffeln

Zum Glück bin ich ja noch am Anfang dieser Veranstaltung, denn für diese Gehirnakrobatik brauche ich dringend meinen zu Papier gebrachten Pflanzplan.

Doch es wäre zu einfach, wenn es Regeln ohne Ausnahmen gäbe. Fruchtwechsel ist superwichtig, doch manche Pflanzen mögen es dann doch nicht so gern, wenn sie sich ständig an anderen Stellen wiederfinden. Rhabarber bleibt beispielsweise über mehrere Jahre an Ort und Stelle. Und Erdbeeren wachsen drei Jahre lang im selben Beet.

Der erste Jahr: Brachejahr und Gründüngung

Bei vielen Gartenbüchern, die ich am Anfang meines Projekts gelesen habe, habe ich gedacht, dass es oft Unterschiede zwischen Theorie und Praxis gibt und dass man auch wirklich nicht immer alles befolgen kann und muss, wozu einem geraten wird. Mein Garten ist ja kein penibel gepflegter Schrebergarten, bei dem jeder Grashalm wie auf dem Centre Court in Wimbledon einzeln gehegt und gepflegt wird. Ich habe einen riesigen Garten, und der folgt manchmal seinem eigenen Willen. Es gibt darin Brachflächen und mehrere 20 Quadratmeter große Kompostflächen, die ich regelmäßig umschichte, wodurch wieder neue Freiflächen entstehen. Was ich damit sagen will: Dadurch entsteht halt eine Art sich abwechselnder Bewirtschaftung. Da musst du dann natürlich noch drauf achten, dass du nicht immer dieselben Flächen gleich beackerst, also nicht immer die gleichen Dinge auf dieselben Stellen pflanzt, aber immer wieder, so wie ich, Pferdemist unterpflügst. Womit wir bei der sogenannten Vierfelderwirtschaft wären, die ich dir in der Theorie im Folgenden beschreiben möchte.

In der Vierfelderwirtschaft wird so gerechnet: Das erste Jahr ist das Brachejahr, der Boden ruht sich aus und tankt Kraft (nach drei Anbaujahren). Er wird mit Kompost „gefüttert" und mit organischem Dünger, etwa mit abgelagertem oder kompostiertem Mist. Dann kann, wenn man möchte, die Gründüngung ausgesät werden, also Pflanzen, die besonders tiefe Wurzeln haben, um die Erde aufzulockern. Das sind zum Beispiel Ackerbohnen (lockern den Boden und sind gute Stickstoffsammler), Alexandrinerklee (unterdrückt Unkraut und ist ein guter Stickstoffsammler), Bienenfreund (heißt nicht nur so, ist auch super für Bienen und wirkt gegen Fadenwürmer), Sonnenblumen, Wicken, Luzernen, Serradella, Buchweizen, Malven, Ölrettich, Gelbsenf, Raps, Roggen, blauer Lein, besonders gut gehen auch Leguminosen – bitte was? Das sind Hülsenfrüchtler wie Wicken, Erbsen, Bohnen, Lupinen und viele mehr. Listen von Pflanzen, die sich für Gründüngung gut eignen, findest du auch im Internet.

Wichtig bei der Gründüngung: Hier wird nichts geerntet, die oberen Pflanzenteile schneidet man kurz vor oder während der Blüte (dann hat man noch was fürs Auge) ab, damit sie nicht erst Samen bilden, und lässt sie liegen. Sie sind Mulchmaterial, das von allein kompostiert. Die Wurzeln der Gründüngung bleiben im Boden, zersetzen sich dort und lockern die Erde auf. Superpraktisch, oder? Klar, macht auch ein wenig Arbeit, aber in der Küche musst du ja auch Schnippeln, um ein gutes Ergebnis zu erlangen. Aber irgendwie macht die Natur von sich aus schon alles ziemlich richtig. Und ich mag es sehr, sie zu beobachten und sie dabei zu unterstützen.

Bedenken solltest du nur, dass du vieles von dem, was du als Gründüngung pflanzt, nie mehr loswirst, es wird an allen Ecken und Enden immer wieder zum

Vorschein kommen. Einige Gründüngerpflanzen sind auch nicht einheimisch, sie überwuchern gern mal die heimischen und vertreiben sie regelrecht. Man muss dann eben ein waches Auge darauf haben und hat mitunter noch etwas mehr Arbeit.

Das zweite Jahr: Starkzehrer

Im zweiten Jahr ist der Boden dann mit jeder Menge Nährstoffen aufgeladen. Im Frühjahr gebe ich noch mal drei bis vier Liter Kompost pro Quadratmeter auf meine Beete. Und dann baue ich darauf Pflanzen an, die viele Nährstoffe brauchen, um zu wachsen und zu gedeihen. Man nennt sie Starkzehrer. Das sind zum Beispiel Zucchini, Gurken, Auberginen, Kürbis, Lauch, Kartoffeln, Tomaten, Rhabarber, Paprika und Chili. Meine Pflänzchen bekommen in der Wachstumsphase zudem zweimal meine selbst gemachte Brennnessel- oder Rhabarberblattjauche zu trinken. Wie die hergestellt werden, erfährst du auf S. 44.

Mehr brauchen die Pflanzen und auch der Boden in diesem zweiten Jahr in der Regel nicht, denn die Erde steckt schön voller Nährstoffe. Nach dem Brachejahr ist sie gut ausgeruht und durch eine Gründüngung eventuell auch wunderbar gelockert.

die Tomaten

PARADIESÄPFEL

DIE TOMATE IST JA SO WAS WIE DER GÜNTHER JAUCH UNTER DEN GEMÜSESORTEN. JEDER MAG SIE. IRGENDEINE ZUBEREITUNG SCHMECKT IMMER. SELBST DAS GEMÜSEKRITISCHSTE KIND FINDET IN KETCHUP (NA KLAR, AUCH DANK DES VIELEN ZUCKERS) SEINE GLÜCKSELIGKEIT.

Es gibt so viele tolle Tomatensorten. Egal ob formstabiles Harzfeuer, divenmäßige Green Zebra oder südländische San Marzano. Auch wenn du nur einen kleinen Balkon hast, empfehle ich, mindestens drei, vier Sorten anzubauen. Ist dann Tomatensaison, geht's richtig ab!

Viele wissen gar nicht mehr, wie Vielfalt schmeckt. Nichts gegen Discounterware, aber wenn du immer nur zur günstigen Gewächshaustomate greifst, die mehr nach Wasser als nach Tomate schmeckt, dann verlernst du, wie das Grundprodukt schmeckt. Kümmerst du dich aber selbst um die Ernte, braucht es nur wenig – einen sonnigen Standort, nährstoffreichen Boden, ein bisschen Glück –, und du bist direkt im Tomatenhimmel!

Dann machst du zum Beispiel einen richtig schönen Tomatensalat. Der ist überhaupt nicht kompliziert, wenn man einige wenige Dinge bedenkt. Ein paar unterschiedliche Sorten, die sich in Geschmack und Optik unterscheiden. Ganz sanft etwas Zitronensaft, ein geiles Olivenöl und dann – entschuldige – einen Arsch voll weicher Kräuter in einer Menge, dass du sofort denkst, „da muss was falsch sein". Verwende Kräuter, als wären sie Blattsalate. Zu Tomaten geht, klar, Basilikum, aber auch verschiedene Minzesorten, Koriander oder Dill passen. Etwas grobes Salz und ein wenig Zitronenschale darüber ... Wenn du das den Leuten hinstellst, sind manche erst mal ein wenig enttäuscht – „Nur ein Tomatensalat." Doch dann probieren die es und flippen völlig aus.

Wenn die letzten Gemüse, Obstsorten und Kräuter geerntet sind, muss der Boden natürlich für die nächste Saison wieder vorbereitet werden (siehe S. 15, „Boden vorbereiten“).

Das dritte Jahr: Mittelzehrer

Im dritten Jahr, wenn der Boden bereits etwas ausgezehrt ist, werden die Mittelzehrer angepflanzt. Das sind Pflanzen, die etwas weniger Nährstoffe benötigen, wie Möhren, Fenchel, Pastinaken, Mangold, Pak Choi, Spinat, Rote Bete, Stangenbohnen, Salat, Pflücksalat, Chicorée, Radicchio, Kohlrabi, Radieschen, Rettich, Mairübchen, Speiserüben, Steckrüben, Zwiebeln, Lauch, Schnittlauch, Minze, Paprika. Allerdings finden sich bei mir auch oft Gemüse wie Topinambur in den Blumenbeeten wieder. Ich trenne da nicht so strikt, wie man jetzt vielleicht denken könnte. Auch diese Beete bekommen in ihrer Hauptwachstumszeit noch mal einen kräftigen Schluck Brennnesseljauche.

Das vierte Jahr: Schwachzehrer

Jetzt ist ein Großteil der Nährstoffe im Boden aufgebraucht. Im vierten Jahr kommen deshalb die Pflanzen dran, die mit ganz wenigen Nährstoffen gut zurechtkommen. Dazu gehören Zwiebeln, Petersilie, Dill, Koriander, Spinat, Erbsen, Radieschen, Rucola, Waldmeister, Blutampfer, Bärlauch, Thymian, Majoran, Salbei, Basilikum, Bohnenkraut, Melisse, Oregano, Borretsch. Die Schwachzehrer dünge ich nur ganz wenig, wenn überhaupt, denn viele von ihnen, wie Spinat, Salat und viele Kräuter, lagern das Nitrat aus dem Dünger ein, wenn sie zu viel davon bekommen. Das macht das Gemüse dann ungesund.

Nach dem Anbau der Schwachzehrer ist der Boden nun aber wirklich ausgelaugt. Darum geht es in eine neue Brach- und Gründüngungsrunde. Nach einem Ruhejahr ist der Kreislauf geschlossen ist, und du kannst wieder von vorn mit dem Fruchtwechsel anfangen. Nur diesmal vielleicht mit ein paar anderen Pflanzen als im letzten Jahr. Denn auch das ist wichtig beim Gärtnern: die Fruchtfolge.

Toll bei der Vierfelderwirtschaft ist übrigens, dass wir die Pflanzen ja nicht nacheinander anbauen müssen, sondern sie auf vier Beete verteilt werden: Auf jedem Beet wächst ein anderer „Zehrer“: Stark-, Mittel- oder Schwachzehrer. Und eines der Felder liegt eben brach und wartet ein Jahr lang darauf, wieder ein Starkzehrerbeet zu werden. So kannst du 75 Prozent deines Gemüsegartens immer bewirtschaften – vorausgesetzt natürlich, er ist groß genug. Das ist bei mir zumindest nicht das Problem, deshalb gibt es bei mir immer Ecken, die ich einfach brachliegen oder famos vermoosen lasse.

Dinge, die ich früh ernten kann, säe ich auch früh aus, Radieschen oder Spinat zum Beispiel, und wenn sie abgeerntet sind, kommt ein anderes Wunderwerk der Natur auf dieselbe Stelle und wird dann später geerntet, zum Beispiel Zucchini. Und nicht alles wächst im Garten: Kresse ziehe ich, wie in der Grundschule gelernt, auf feuchter Watte in der Küche.

GEMÜSE, KRÄUTER UND IHRE PFLANZENFAMILIEN

Kreuzblütler: *alle Kohlsorten, Kresse, Radieschen, Rucola*
Schmetterlingsblütler oder Hülsenfrüchtler: *Bohnen und Erbsen*
Doldenblütler: *Fenchel, Koriander, Möhren, Pastinaken, Petersilie, Sellerie*
Lippenblütler: *Majoran, Minze, Oregano, Salbei, Thymian*

Korbblütler: *fast alle Salate sowie Artischocken*
Gänsefußgewächse: *Mangold, Rote Bete, Spinat*
Knöterichgewächse: *Rhabarber*
Nachtschattengewächse: *Chili, Kartoffeln, Paprika, Tomaten*
Liliengewächse: *Bärlauch, Knoblauch, Schnittlauch, Spargel, Zwiebeln*
Raublattgewächse: *Borretsch*
Kürbisgewächse: *Auberginen, Gurken, Kürbis, Zucchini*

Gute Nachbarn, schlechte Nachbarn

Nachbarschaftskrach kennt jeder. Wieso sollten deine Pflanzen da weniger zickig sein? Was gute und was weniger gute Nachbarn für unsere Pflanzen sind, auf dass sie bestens gedeihen und sich gegenseitig unterstützen, statt sich zu behindern oder auszuzehren, kannst du in den Steckbriefen lesen. Gute Nachbarschaft nennt man Mischkultur. Das heißt, ich pflanze in ein Beet nicht ein und dieselbe Gemüsepflanze hundertmal nebeneinander, sondern schenke ihr gute Nachbarn. Und da man sich in einer guten Nachbarschaft unterstützt, kann man das ja wohl auch im Garten erwarten. Das kann dann so aussehen, dass die eine Pflanze der anderen als Rankhilfe dient (wie Mais für Stangenbohnen) oder auch dass der eine Nachbar dem anderen die Schädlinge vom Leib hält (wie das bei Möhren und Zwiebeln der Fall ist). Wieder andere Pflanzen nutzen den vorhandenen Platz wunderbar aus, indem die eine in die Höhe schießt und die andere den Boden bedeckt. Und dann gibt es noch Gewächse, die können sich im wahrsten Sinne des Wortes nicht riechen – das gibt es wirklich, es hat mit Wurzelausscheidungen und Duftstoffen zu tun. Wenn wir sie trotzdem dazu zwingen, nebeneinanderzustehen, bleiben sie klein oder gehen sogar ein.

Mischkultur klappt nach meiner Erfahrung am besten, wenn die Gemüse schön nah beieinanderstehen und die Beete möglichst windgeschützt sind.

ERZFEINDE, DIE NIE ZUSAMMEN IN EINEM BEET STEHEN SOLLTEN:

Salat und Petersilie
Fenchel und Tomaten
Kohl und Senf
Buschbohnen und Zwiebeln
Erbsen und Bohnen
Kartoffeln und Tomaten
Kartoffeln und Sonnenblumen
Kohl und Zwiebeln
Tomaten und Erbsen

Zum Glück gibt es aber jede Menge Pflanzen, die sehr gut miteinander auskommen. Und einige wachsen in bestimmter Gesellschaft sogar besonders üppig. Wie Kartoffeln und dicke Bohnen oder, wie praktisch, Dill und Gurken. Kartoffeln verbessern außerdem den Geschmack von Kümmel und Koriander, Dill wirkt positiv auf den Geschmack von Möhren und andersherum, und Kresse macht Radieschen richtig schön scharf. Schnittsellerie sollte Kohl eigentlich vor Raupen und Erdflöhen schützen, aber auch hier gibt es Ausnahmeraupen, sonst hätte ich eine bessere Ernte (siehe S. 47). Der Duft von Salbei, Thymian und Pfefferminze hält den Kohlweißling und andere Falter von allen Kohlsorten fern, das Aroma des Bohnenkrauts schützt Bohnen vor schwarzen Läusen, Kapuzinerkresse und Gartenkresse bewahren Tomaten vor Blatt- und Blutläusen. Vieles davon habe ich auch nur gehört oder gelesen und bin noch nicht dazu gekommen, alles auszuprobieren. Aber da ich ja an nichts dogmatisch rangehe, werde ich bestimmt nicht alles ausprobieren. Bei einigen Nachbarschaftshilfen bin ich jedoch extrem neugierig, sie werde ich auf jeden Fall mal ausprobieren.

Gestaffelte Aussaat

Wir wollen ja nicht alles, was wir anpflanzen, in ein, zwei Monaten im Hochsommer und Herbst ernten, sondern möglichst über das Jahr verteilt frisches Gemüse und Kräuter haben. Das meiste sät und pflanzt man natürlich im Frühling. Aber viele Gemüsesorten kann man auch mehrmals aussäen und pflanzen, zum Beispiel Möhren oder Salat.

Auch das notiere ich mir in meinem Pflanzplan, damit ich weiß, wann ich mit welcher Ernte rechnen kann. Danach richte ich im besten Fall dann ja auch meine Speisekarte aus. Natürlich muss ich dafür wissen, wie lang das entsprechende Gemüse in der Regel braucht,

essbare Blumen

BLÜHENDE TELLER

ESSBARE BLUMEN SIND UNWAHRSCHEINLICH DEKORATIV UND GEBEN GERICHTEN EINE ROMANTISCHE NOTE. DOCH SIE KÖNNEN WEITAUS MEHR:

Vielleicht ist das mit den essbaren Blüten ja so ein Gourmet- oder Restaurantding, das man privat weniger einsetzt. Aber vielleicht liegt es auch daran, dass Bio-Blüten im Handel so teuer sind, wenn man sie denn überhaupt bekommt. Wir Gastronomen wissen natürlich, welche Händler die Blüten von Kapuzinerkresse, Ringelblume, wilden Stiefmütterchen oder Zucchini in 1A-Qualität im Programm haben. Wenn du den Gast mit verschiedenen Blüten begeisterst und weißt, dass sie nicht gespritzt sind und auch noch die Bienen erfreuen, dann stellen essbare Blüten einen wundervollen Mehrwert auf dem Teller dar. Einige schmecken übrigens nicht sehr intensiv, sind umso dekorativer – Dahlien, Kornblumen, Sonnenblumen zum Beispiel. Nicht zu vergessen: Auch die Wurzeln sind bei vielen Blumen essbar, etwa von Topinambur, Sonnenblume und Glockenblume.

Eine Blumenwiese anzulegen ist im ersten Jahr übrigens richtig Arbeit. Du musst das regelmäßige Wässern im Blick haben, der Sonnenstand muss stimmen, Unkräuter möchten sich auch gern mit auf deiner Wiese tummeln, und natürlich wachsen auch wilde Blüten, die nicht essbar oder sogar giftig sind. Daher muss man drauf achten, dass sich zum Beispiel keine Maiglöckchen oder Fingerhüte ins Beet mogeln. Steht der bunte Grünstreifen dann aber einmal, macht er sich fast von allein, weil sich die Samen immer wieder selbst aussäen und neue Pflanzen hervorbringen.

Die Samen einer Blumenwiese sind, in hübsche Tütchen verpackt, übrigens eine schöne Geschenkidee. So können auch deine Freunde ganz romantisch die Teller mit Blüten von Pimpernelle oder Veilchen verzaubern.

bis es erntereif ist. Diese Vorarbeit habe ich bei meinen Lieblingssorten bereits gemacht, du findest sie in den Steckbriefen.

GARTENKRESSE

SIE GIBT GERICHTEN EINEN LEICHT SCHARFEN GESCHMACK. NEBENBEI SIEHT DAS ZARTE KRAUT AUF DEM TELLER WUNDERHÜBSCH AUS. ES IST EIN MUSS IN DER FRANKFURTER GRÜNEN SAUCE.

Familie: Kreuzblütler

Alter: einjährig

Aussaat: ganzjährig auf der Fensterbank; April bis August im Freiland; alle 2 Wochen aussäen – so gibt es laufend was zu ernten

Saattiefe: 0,5 cm

Keimung: Lichtkeimer

Erntezeit: ca. 2 Monate nach Aussaat

Wuchshöhe: 20–40 cm

Boden: fruchtbar, feucht

Nährstoffbedarf: Schwachzehrer

Standort: sonnig oder halbschattig (bei Hitze schützt man sie beispielsweise mit umgedrehten, luftigen Holzkisten)

Wasserbedarf: regelmäßig gießen, der Boden sollte immer leicht feucht sein

Ernte: Kresse bodengleich mit einer Schere abschneiden; am besten am frühen Vormittag; möglichst nicht waschen

Lagerung: unverzüglich verarbeiten, sie bleibt nicht lang frisch

gute Nachbarn: Karotten, Kartoffeln, Petersilie, Rettiche

Oder du pflanzt von einem Obst gleich verschiedene Sorten an, die zu unterschiedlichen Zeiten erntereif sind – das hatte ich bereits beschrieben –, wie zum Beispiel Sommer- und Herbsthimbeeren oder Two-Timer, die zweimal im Jahr Früchte tragen. Bei meinen Wildhimbeeren aus Norwegen (siehe S. 31) klappt das natürlich nicht.

Das richtige Saatgut

Wenn ich eine besonders üppige Ernte bei dem ein oder anderen Gemüse oder Obst beziehungsweise eine herrliche alte Sorte entdeckt habe, setze ich alles daran, von diesen Pflanzen eigenes Saatgut zu gewinnen. Denn dann weiß ich, dass die Sorten wirklich gut sind. Voraussetzung dafür ist, dass die Ursprungspflanze samenfest und keine Hybridpflanze ist. Worin der Unterschied liegt? Nur samenfeste Sorten eignen sich für eine nächste Aussaat, denn sie bewahren im Saatgut ihre guten Eigenschaften. Hybridpflanzen, die durch Kreuzung entstanden sind, sind besonders leistungsfähig, ihre Samen haben aber ihre guten Eigenschaften bereits verloren. Bei diesen Sorten muss also jedes Jahr wieder neues Saatgut gekauft werden. Ich pflanze deshalb keine Hybridpflanzen, sondern versuche, meine mir lieb gewordenen und wohlschmeckenden Gemüse- und Obstpflanzen regelmäßig selbst zu vermehren. Ich sehe es auch kritisch, dass einige wenige große Firmen den Markt für Saatgut beherrschen. Deshalb höre ich mich bei Nachbarn und Freunden um, wer welche Samen „im Angebot“ hat und dafür andere braucht – echter Tauschhandel in der Region, das mag ich, es ist wie früher. Und so stehen bei mir im Garten auch wunderbar aromatische Tomatensorten aus Ungarn, die mir eine liebe Mitarbeiterin über ihre Mutter organisiert hat.

Bevor wir mit eigenem Saatgut starten, müssen wir noch klären, ob die Pflanzen ein-, zwei- oder mehrjährig sind. Pflanzen leben nämlich unterschiedlich lang. Dabei meint „-jährig“ in diesem Falle nicht ein Kalenderjahr, sondern eine Vegetationsperiode. Nur dann wissen wir, wann unsere Pflanze die Samen bereitstellen wird. Wer an dieser Stelle denkt: Es gibt auch einfachere Hobbys, Büroklammernsammeln zum Beispiel, dem muss ich zustimmen. Aber ihr Geschmack lässt zu wünschen übrig.

Einjährige Pflanzen

Keimung, Ausbildung der Pflanze bis zur Blüte, Befruchtung und Samenbildung findet bei ihnen in nur einer Vegetationsperiode statt, anschließend stirbt die Pflanze ab. Für die Samenernte solltest du die verblühten Triebe stehen lassen, damit die Samen vollständig ausreifen können. Entweder sät die Pflanze sich selbst aus, oder du sammelst die Samen ein und hast dein eigenes Saatgut.

Zweijährige Pflanzen

Sie brauchen einen Kältereiz, um zu blühen. Man nennt diese Pflanzenkategorie deshalb auch Kalt- oder Frostkeimer. Zweijährige Pflanzen werden meist im Juni gesät, sie wachsen bis zum Herbst zu kräftigen Pflänzchen heran, denen Frost und Schnee im Winter nichts anhaben können. Im kommenden Frühjahr blühen sie dann. Die Samenernte und Aussaat erfolgen wie bei den Einjährigen.

GARTENSALATE

SALATSORTEN GIBT ES FÜR JEDE JAHRESZEIT, IN JEDER BLATTFARBE, JEDER GRÖSSE, VON WÜRZIG BIS MILD – DAS PERFEKTE GEMÜSE ZUM PFLANZEN FÜR ZWISCHENDURCH.

Familie: Korbblütler

Alter: einjährig

Aussaat/Pflanzzeit: je nach Sorte vorziehen oder direkt aussäen; regelmäßig nachsäen/-pflanzen; *Kopfsalat:* im Frühjahr auf der Fensterbank vorziehen oder Ende April direkt ins Beet säen; *Pflück-/Schnittsalat:* Ende Februar ins Frühbeet säen, ab Anfang April ins Freiland säen mit Vliesabdeckung; *Romanasalat:* ab Februar/März auf der Fensterbank vorziehen und im April/Mai ins Freiland setzen, Mitte Juni bis Mitte Juli im Freiland säen; *Rucola:* Mai bis September direkt ins Beet; Feldsalat: Juli bis September (im Frühbeet bis Oktober für Ernte im Frühjahr), hält Temperaturen bis –20 °C aus

Pflanzabstand: 25 cm (*Feldsalat* 10 cm), Reihenabstand 30–40 cm (*Feldsalat* 10 cm), Saattiefe 0,5 cm (nur leicht mit Erde bedecken)

Keimung: Lichtkeimer

Erntezeit: abhängig von Saat- oder Pflanzzeitpunkt und Salatsorte; *Feldsalat:* Ende Februar (aber auch, je nach Aussaat, November bis Februar oder Oktober bis Mai); *Pflück- und Schnittsalat:* April/Mai; *Kopfsalat:* Mai bis September

Boden: jeder Boden, auch Sandboden

Nährstoffbedarf: Mittelzehrer

Standort: sonnig bis halbschattig (überall, wo Gemüse wächst); typische Lückenbüßer, wenn frühe Gemüsesorten abgeerntet sind

Wasserbedarf: hoch bei Jungpflanzen

Ernte: *Feldsalat und Rucola* nicht zu kurz abschneiden, dann Mehrfachernte möglich; *Pflück- und Schnittsalate:* untere Salatblätter ernten, Herzblätter stehen lassen, sodass neue Blätter wachsen können; *Kopfsalat:* Kopf bodennah abschneiden

Lagerung: im Kühlschrank bei 0 °C und hoher Luftfeuchtigkeit ca. 2 Tage

gute Nachbarn: Bohnen, Dill, Erbsen, Erdbeeren, Gurken, Kohl, Lauch, Möhren, Tomaten, Zwiebeln

schlechte Nachbarn: Petersilie, Sellerie

MÖHREN

ES GIBT SIE IN VERSCHIEDENEN FARBEN UND FORMEN, SIE SCHMECKEN ROH ODER GEKOCHT, SIND KALORIENARM SOWIE REICH AN CAROTIN UND ANDEREN VITAMINEN.

Familie: Doldenblütler

Alter: zweijährig, werden aber im ersten Jahr geerntet

Aussaat: direkt ins Beet von März bis Juni (je nach Sorte)

Pflanzabstand: 35 cm (Früh- und Spätsorten), Reihenabstand 15 cm (Frühsorten) bzw. 25 cm (Spätsorten), Saattiefe bei allen Sorten 2 cm

Keimung: Lichtkeimer

Erntezeit: Juni bis November, je nach Aussaattermin und Sorte

verwendete Teile: Knollen, Blätter

Boden: humos, tiefgründig und locker

Nährstoffbedarf: Mittelzehrer

Standort: sonnig und windoffen

Wasserbedarf: bei Trockenheit die Aussaat bis zur sichtbaren Keimung mit Brauseaufsatz gießen; Jungmöhren bei anhaltender Trockenheit wässern

Ernte: am Grün aus der Erde ziehen, anhaftende Erde abklopfen

Lagerung: ungewaschen, aber ohne Grün, im kalten Keller in einer Kiste mit Sand oder in einer Erdmiete mehrere Monate haltbar

gute Nachbarn: Erbsen, Knoblauch, Mangold, Lauch, Radieschen, Rettich, Tomaten, Zwiebeln

schlechte Nachbarn: Kartoffeln

GURKEN

OB GERADE ODER KRUMM – GURKEN SIND UNIVERSALGENIES, KALORIENARM UND SCHMECKEN EINFACH NACH SOMMER!

Familie: Kürbisgewächse

Alter: einjährig

Aussaat: ab Februar/März auf der Fensterbank ab April/Mai ins Freiland (Samen brauchen 20–25 °C zum Keimen)

Pflanzzeit: Ende Mai bis Anfang Juni, Boden vorher gut auflockern

Pflanzabstand: 50 cm (Kultur vertikal an Schnüren), bei Bodenkultur 1 m; nicht zu tief einpflanzen

Keimung: Dunkelkeimer

Erntezeit: Juli bis September/Oktober

Boden: warm und gut gedüngt

Nährstoffbedarf: Starkzehrer

Standort: sonnig (aber direkte Mittagssonne vermeiden) **Temperatur:** mindestens 15 °C, windgeschützt, aber luftig

Wasserbedarf: sehr hoch; Blätter nicht benetzen; am besten morgens und abends gießen; sonnengewärmtes Regenwasser ist ideal

Ernte: morgens haben die Früchte die meisten Nährstoffe; mit scharfem Messer abschneiden; Ende September neue Blütenansätze abknipsen, damit restliche Früchte noch ausreifen

Lagerung: einige Tage dunkel bei 10–13 °C (Speisekammer oder Keller, notfalls im Gemüsefach des Kühlschranks)

gute Nachbarn: Basilikum, Dill

schlechte Nachbarn: Kartoffeln, Radieschen, Rettiche, Rosmarin, Tomaten

Mehrjährige Pflanzen
Sie brauchen für den oben beschriebenen Lebenszyklus in der Regel mehrere Vegetationsperioden. Die meisten lassen sich auch durch Samen vermehren.

GEMÜSE ODER OBST?

Wenn dir demnächst vielleicht ein Auftritt bei einem Fernsehquiz bevorsteht, gebe ich dir dieses nützliche Wissen mit: Wusstest du, wie sich Gemüse und Obst unterscheiden lassen? Gemüse sind alle essbaren Pflanzenteile (Wurzeln, Blätter, Knollen, Blüten), die aus einjährigen Pflanzen hervorgehen. Sie werden nur einmal geerntet, da die Pflanzen nach ein, spätestens zwei Jahren absterben.
Obst ist der Oberbegriff für Früchte und Samen, die aus den Blüten mehrjähriger Pflanzen entstehen. So wachsen aus den Blüten eines Apfelbaums jedes Jahr aufs Neue zahllose knackige Äpfel.
Du kennst bestimmt den Klugscheißersatz, dass Tomaten zum Obst gehören? Der rührt daher, dass diese genauso wie die eindeutig dem Gemüse zugeordneten Sorten Zucchini, Kürbis und Gurke aus den Blüten der Pflanzen hervorgehen. Für diese Ausnahmen gibt es für die ganz Genauen unter uns die Zusatzkategorie „Fruchtgemüse". Mit dem Wissen kommst du bei Günther Jauch von 32.000 auf 64.000 Euro.

Samen „ernten"
Einige Gemüse- und Obstsorten tragen die Samen deutlich sichtbar in ihrer Frucht, wie Kürbisse, Tomaten, Bohnen, Äpfel ... Bei anderen fragt man sich: Wollen die mich veräppeln, wo zur Hölle ist das Saatgut? Das musste ich auch erst lernen. Es ist dann meist so, dass es sich um zweijährige Pflanzen handelt, die erst im zweiten Jahr ihre Samen ausbilden. Da wir aber schon im ersten Jahr die knackigen Möhren essen, erleben wir gar nicht, wie die Pflanzen im zweiten Jahr aussehen und wie sich die Samen bilden.

Die Samen von Kürbis, Tomaten oder Bohnen löse ich vorsichtig aus den Früchten und trockne sie auf einem Küchentuch. Den Blütenstand von Kräutern lasse ich völlig ausreifen und trocknen, dann schüttele ich die Samen vorsichtig auf ein Tuch.

Getrocknetes Saatgut lässt sich am besten in einem geschlossenen Behältnis an einem dunklen Ort aufbewahren. Die Temperatur sollte niedrig sein, am besten um die 10 °C. Die Raumluft sollte trocken sein, weil Feuchtigkeit zu Schimmel- und Pilzbildung an den Samen führen kann. Deswegen muss das Saatgut selbst auch wirklich ganz trocken sein. Und nicht vergessen: Das Saatgut unbedingt beschriften – mit Namen und auch mit Datum der Einlagerung. Also nicht mit deinem eigenen Namen, wobei du das auch gern machen kannst. Schwierig nur, wenn du Frank Rosin heißt und denkst, da sind Weintraubenkerne im Glas (kleiner Scherz).

Saatgut lässt sich meist zwei bis drei Jahre aufbewahren. Aber so lange halte ich es gar nicht aus. Ich bin im kommenden Gartenjahr schon total aufgeregt, ob aus meinem Saatgut etwas wächst, sodass es bei mir immer nur einmal überwintert.

Nun ist es aber nicht so, dass ich die Samen von meinen Lieblingssorten – schwups – einfach im Frühjahr über dem Beet ausschütte. Etwas mehr gehört schon dazu, damit daraus auch etwas wächst.

SAATGUT VON MÖHREN GEWINNEN

Wenn du Möhren vermehren willst, musst du die Pflanze bis zum zweiten Jahr stehen lassen und auf die Ausbildung der Samen warten. Dazu werden die ausgereiften Wurzeln, also die Möhren, frostfrei überwintert und im frühen Frühjahr wieder ins Beet gepflanzt. Sie treiben dann schnell feine Wurzeln und Blätter, etwas später doldenförmige, cremefarbene Blütenstände, an denen sich bis zum Sommer ovale, mit feinen Härchen besetzte Samen ausbilden. Wenn die Pflanzen vertrocknet sind, sind auch die Samen ausgereift. Die Blütenstände werden abgeschnitten und können an einem geschützten Ort auf einem Tuch (weil schon Samen herausfallen können) komplett austrocknen.

Keimprobe

Manch einer macht vor der Anzucht eine Keimprobe mit seinen Samen. Sie zeigt, wie gut die Samen sind, ob aus ihnen überhaupt Pflanzen wachsen können. Aus diesen Keimlingen zieht man aber noch keine Pflanzen, das wäre noch viel zu früh. Trotzdem ist zu empfehlen, die Keimprobe frühzeitig zu machen, im Dezember, Januar oder Februar. Denn wenn die Samen nicht keimen, ist noch genug Zeit, Saatgut aus der Nachbarschaft einzutauschen oder notfalls natürlich auch zu kaufen und daraus die Pflänzchen für den Anbau im Frühjahr vorzuziehen.

So geht's: Für eine Keimprobe braucht man nur einen Teller, Küchenpapier, Wasser aus einer Sprühflasche und Samen.

1. Ein Küchenpapier auf einen Teller legen, die Samen darauf verteilen und mit Wasser besprühen.
2. Den Teller an einen warmen Ort stellen, am besten auf die Heizung. Bei Dunkelkeimern deckt man den Teller ab oder stellt ihn an einen dunklen Ort.
3. In den nächsten Tagen und Wochen die Samen immer wieder mal befeuchten. Nach zwei bis drei Wochen sollten die ersten Keimlinge sichtbar sein.

Die Faustregel ist: Keimen deutlich mehr als die Hälfte der Samen, hast du gutes Saatgut. Ist es ungefähr die Hälfte, solltest du die Samen bei der Anzucht etwas dichter aussäen, damit genügend Pflänzchen wachsen. Geht aber deutlich weniger als die Hälfte der Samen auf oder gar keiner, musst du leider davon ausgehen, dass aus deinem Saatgut nichts herauszuholen ist. Es ist kein Saatgut, sondern Saatschlecht. Dann bleibt nur die Entscheidung, ausnahmsweise doch Samen oder kleine Pflanzen zu kaufen oder aber auf dieses Gemüse oder Obst im kommenden Gärtnerjahr zu verzichten und dich auf Sorten zu konzentrieren, bei denen die Keimprobe erfolgreich war.

Licht- oder Dunkelkeimer?

Bevor unser Saatgut in die Erde kommt, ist es wichtig zu wissen, ob es sich um Dunkel- oder Lichtkeimer handelt. Lichtkeimer brauchen viel Sonnenlicht, um zu keimen. Diese Samen sind oft sehr klein, und wenn sie nicht genug Licht bekommen, schaffen sie es mitunter nicht, sich durch die Erdschicht zu kämpfen. Darum sät man Lichtkeimer auch auf der Erde aus. Auf diese Gelegenheit freuen sich manche Vögel im wahrsten Sinne des Wortes diebisch darauf. Also pass auf, dass sie nicht alles klauen. Wobei man ja die Wintermonate auch dazu nutzen kann, böse dreinblickende Vogelscheuchen zu basteln.

Die Samen von Dunkelkeimern sind meist dick und groß. Sie brauchen die Erdschicht über sich, die das Sonnenlicht dimmt, damit ihr Keimprozess überhaupt

die Himbeeren

KINDHEITSDUFT

HIMBEEREN SIND FÜR MICH PURE ERINNERUNG AN DIE KINDHEIT. AUF DEN FELDERN MEINER GROSSELTERN SPIELTEN HIMBEERSTRÄUCHER EINE GROSSE ROLLE, UND DER EINZIGARTIGE DUFT DER FRÜCHTE ZUR ERNTEZEIT WIRD MICH IMMER AN OMA UND OPA DENKEN LASSEN.

Für uns Kinder war das Pflücken von Himbeeren mühsam, aber da wir jede Menge davon naschen konnten, war es natürlich auch ein leckerer Zeitvertreib. Unter ethischen Gesichtspunkten muss ich heute sagen: Manche Dinge dürften eigentlich niemals so günstig im Handel auftauchen. Wer schon mal Himbeeren geerntet hat, sich die Hände an den feinen Dornen aufgeratscht und es geschafft hat, dass die Beeren nicht zerdrückt im Korb landen, weiß, was ich meine. Himbeer pflücken ist aufwendige Handarbeit, Maschinen helfen da wenig.

Dass die Beeren aus spanischen oder Überseeanbaugebieten eigentlich kaum noch ein Naturprodukt sind, darüber denken viele nicht nach. Weil Beeren schnell verderblich sind, müssen sie unter Zeitdruck meist mit dem Flugzeug zu uns gekarrt werden. Es werden also Sorten angebaut, die gut lagerfähig sind, der Geschmack ist nebensächlich.

Ganz anders in Norwegen, wo ich einmal Freunde besucht habe. Die Norweger sind riesige Himbeerfans. Jeden Sommer ziehen sie in die Wälder, um wilde Himbeeren zu pflücken. Deren Ernte ist sehr aufwendig, denn die Beeren sind kleiner als bei uns, die Pflanzen niedriger und ihre Stacheln feiner. Dafür wird man dann aber mit einem Geschmack belohnt, der so intensiv ist, dass er einem fast unnatürlich vorkommt. Das ist Natur pur! Seitdem denke ich bei Himbeerduft nicht nur an Oma und Opa, sondern auch an Norwegen.

KAPUZINERKRESSE

ESSBARE BLÜTEN SIND NICHT NUR EINE AUGENWEIDE AUF DER WIESE, SONDERN AUCH AUF DEM TELLER. DESHALB VEREHRE ICH MEINE WILDBLUMENWIESE SO SEHR.

Familie: Kapuzinerkressengewächse

Alter: einjährig kultiviert (frostempfindlich)

Vermehrung: durch Samen oder Stecklinge

Aussaat: ab Februar auf der Fensterbank; ab Mitte Mai direkt ins Freiland; Samen vor der Aussaat über Nacht in Wasser quellen lassen

Pflanzzeit: Mitte Mai (nach den letzten Nachtfrösten)

Pflanzabstand: 20–30 cm, Reihenabstand 30 cm, Saattiefe 3 cm

Keimung: Dunkelkeimer

Erntezeit: von Ende Mai/Juni bis Oktober

verwendetet Teile: Blätter, Blüten, ungeöffnete Knospen oder zarte, grüne Samen (die letzten beiden wie Kapern einlegen)

Wuchshöhe: 20–40 cm, Triebe bis zu 3 m

Boden: gut belüftet, gleichmäßig feucht, weder zu nährstoffreich noch zu mager

Nährstoffbedarf: Schwachzehrer

Standort: sonnig/halbschattig; mit viel Platz

Wasserbedarf: hoch, bei Hitze täglich gießen

Ernte: Blätter vor oder während der Blüte; Blüten, Knospen, grüne Samen fortlaufend

Lagerung: Knospen und grüne Samen in Essig einlegen; Blüten und Blätter im Backofen für Tee oder zum Würzen trocknen

gute Nachbarn: Bohnen, Erbsen, Gurken, Radieschen, Tomaten

HIMBEEREN

HIMBEEREN VERLEIHEN SÜSSSPEISEN EINE FEINE FRUCHTIGE SÄURE, DAZU SEHEN SIE AUCH NOCH UNGEMEIN DEKORATIV AUS.

Familie: Rosengewächse

Alter: ein-, zwei- bis mehrjährig (je nach Sorte)

Vermehrung: aus Ausläufern von Oktober bis November

Pflanz-/Setzzeit: Herbst

Pflanzabstand: 30–40 cm

Erntezeit: mehrmals im Jahr, je nach Sorte; Sommerhimbeeren Juni/Juli; Herbsthimbeeren August bis Oktober; Two-Timer im Sommer und Herbst

verwendete Teile: Früchte, Blätter und Blüten (für Tee)

Wuchshöhe: 60–200 cm

Boden: feucht, nährstoffreich, eher sandig als tonig

Nährstoffbedarf: Schwachzehrer

Standort: halbschattig bis sonnig, windgeschützt

Wasserbedarf: regelmäßig gießen, während der Fruchtbildung etwas mehr

Ernte: wenn sich die Beeren leicht vom Strauch lösen lassen; nebeneinander legen

Lagerung: nicht waschen; wenige Tage im Kühlschrank nebeneinander auf einem Teller mit Folie bedeckt

gute Nachbarn: Bohnen, Erbsen, Knoblauch, Zwiebeln

schlechte Nachbarn: Auberginen, Erdbeeren, Kartoffeln, Paprika, Tomaten

gestartet wird. Diese Samen werden darum bei der Aussaat in die Erde gedrückt, aber nur etwa 1 cm tief.

Stecklinge „herstellen"

Gerade Beerengewächse wie meine Himbeeren und Erdbeeren, aber auch meine mehrjährigen Kräuter wie Salbei, Rosmarin, Minze oder Thymian lassen sich wunderbar durch Stecklinge vermehren. Ein Steckling ist ein von der Pflanze abgeschnittener Sprossteil. Wobei ich gerade bei Salbei denke: Der kümmert sich ganz gern selbst darum, „Bachstelzen"-Territorium zu gewinnen.

Bei meinen Lieblingshimbeersträuchern setze ich auf die Vermehrung durch Wurzelstecklinge. Himbeeren haben zwar auch viele Ausläufer, aber weil sie die über den ganzen Garten schicken, bin ich nie sicher, ob es sich wirklich um Ausläufer meiner Lieblingssorte handelt. Ich habe ja das Glück, dass wir Omas großen Acker mit bewirtschaften dürfen. Wenn wir also Himbeeren vermehren wollen, schneiden wir einfach Stecklinge von ihren Himbeersträuchern ab und pflanzen sie woanders hin. Wir haben eine frühe und eine späte Sorte – und die aus Norwegen (siehe S. 31), die hat einen Ehrenplatz.

Je größer eine Pflanze werden muss, bis sie Früchte trägt, desto länger dauert es auch. Deswegen würde ich bei Himbeeren nie auf die Idee kommen, die Samen zu gewinnen und dann zu warten, bis die erste Beere nach Jahren am Strauch hängt. Wobei, wenn ich über 70 und glückliche Rentnerin bin, dann vielleicht doch. Da es aber noch nicht so weit ist, lege ich im Hier und Jetzt vorsichtig die Wurzeln der Himbeeren frei und steche ein größeres Stück ab. Die beste Zeit für das Abnehmen von Setzlingen ist der Herbst, wenn die Vegetationszeit zu Ende geht. Dann hat die Mutterwurzel genug Zeit, sich über den Winter von ihrer „Verletzung" zu erholen. Dann teile ich die große Wurzel in Stücke von 10cm Länge. Diese Wurzelstecklinge pflanze ich etwa 5cm tief in meine Gefäße mit Anzuchterde (zu der kommen wir gleich noch). Bis sie im Frühjahr ins Beet kommen, müssen sie vor Kälte geschützt werden. Man holt sie also ins Haus, oder man schützt die Erde durch eine dicke Schicht Laub,

Stroh, Torf oder Rindenmulch. Oft decke ich über vieles, was ich früh angepflanzt habe, Gartenvlies als Schutz drüber.

Bei einzelnen Stecklingen verwende ich leere 10-Liter-Kanister für Sonnenblumen-, Raps- oder Olivenöl aus dem Restaurant. Sie sind aus durchsichtigem Kunststoff, und schon aus Gründen der Nachhaltigkeit und des Recyclings nutze ich sie gern als Mini-Gewächshäuser. Dafür schneide ich die Böden ab und stülpe die Kanister über die Setzlinge. Das Gute ist, dass die Pflanzen so nicht nur gegen Kälte geschützt sind, sondern auch, dass sich Kondenswasser innen an den Wänden sammelt und wiederum die Pflanzen befeuchtet. Anfangs reicht das den Stecklingen vollkommen an Wasserversorgung.

SAMEN, STECKLINGE, SETZLINGE

Wir wissen, was Saatgut ist, dass daraus ein Keimling entsteht und dass ein Steckling ein Teil der Pflanze ist, mit dem man sie vermehren kann. Aber was, um Himmelswillen, ist nun ein Setzling? Noch mehr Vokabeln!

die Gurken

WASSERSPEICHER

GURKEN SIND UNIVERSALGENIES. FÜR MICH KANN MAN DEN INHALTSSTOFF WASSER NICHT BESSER VERPACKEN ALS IN FORM VON GURKEN. JEDES JAHR FREUE ICH MICH AUF DEN JULI, WENN ES MIT DER ERNTE DES ERFRISCHENDEN GRÜNEN GEMÜSES LOSGEHT.

Klar, im eigenen Garten ist kein Krümmungskontrolleur der EU am Werk, der lieber gerade, möglichst gleich lange Exemplare zum Stapeln im Supermarkt haben möchte, aber Perfektion hat ja viele Gesichter. Mal das Aussehen, mal die Form, mal die Tatsache, dass tierische Mitbewohner bereits im Garten probiert haben, wie das denn so schmeckt. Aber Perfektion äußert sich halt auch, und besonders im Geschmack. Was ich meine, ist, dass es nicht so wichtig ist, dass deine geernteten Exemplare vielleicht ein wenig kleiner geraten sind als die, an denen du mit dem Einkaufswagen normalerweise vorbeirollst.

Und wo wir schon bei diesem Stolz auf das Selbstgezogene sind: Lass dich nicht verrückt machen, weil es anscheinend immer wieder je nach Anlass und Zubereitung eine andere, ganz spezielle Sorte braucht. Das muss man nicht so dogmatisch sehen. Bei den Gurken gibt es Sorten, die fürs Einmachen oder Schmoren vielleicht besser geeignet sind als andere. Aber wenn du halt nur Salatgurken im Garten hast, ich schwör dir, die kannst du ebenso vielfältig einsetzen. Du musst sie nur intuitiv bearbeiten oder, anders ausgedrückt, Mut zum Experimentieren haben. Ja, das kann auch mal schiefgehen, aber dann probierst du es halt nächstes Mal wieder anders aus.

Versuch zum Beispiel mal Schmorgurken aus Salatgurke: Schale dranlassen. Kerngehäuse raus. Ganz scharf anbraten. Pfeffer, Salz und etwas Honig, wenn man es einen Hauch süß mag. Und darüber frischer Majoran. Das schmeckt so mega! Liegt übrigens auch an der Kombi (blättere mal zum Majoran auf S. 82).

Dabei ist es eigentlich ganz einfach: Ein Setzling ist eine schon einigermaßen starke Jungpflanze, die in einem Frühbeet, Gewächshaus oder auch im Blumentopf kultiviert wird, bevor sie, wenn sie kräftig genug ist und die Temperaturen es erlauben (in der Regel ab Mitte Mai), ins Beet gepflanzt wird. Auch aus einem Steckling wird ein Setzling, wenn er ausgetrieben hat.

Gelinggarantie bei der Vermehrung

Du hast vielleicht schon aus dem bisher Gelesenen herausgehört, dass es mir besonders wichtig ist, dass das, was ich anpacke, auch gelingt. Ein bisschen Erfahrung habe ich ja mittlerweile beim Gärtnern gesammelt, und deshalb kann ich folgende Gemüse sowie Himbeeren für die Eigenanzucht empfehlen:

Tomaten: Die Samen entnehme ich schön ausgereiften Tomaten und lasse sie auf einem glatten Papier (sonst kleben sie leicht fest) auf der Heizung trocknen.

Gurken: Die Samen werden wie die von Tomaten gewonnen.

Kohlrabi: Die Samen von Kohlrabi gewinnt man genauso wie die von Möhren (siehe S. 30).

Himbeeren: Sie sind durch Stecklinge leicht zu vermehren (siehe S. 33).

Geschützte Anzucht

Nicht alles Saatgut oder alle Stecklinge kommen gleich in die Erde. Viele Samen und Pflanzen sind zu empfindlich, um bei niedrigen Temperaturen draußen gesät oder gepflanzt zu werden. Gerade meine Lieblinge Tomaten und auch Paprika sind sehr kälteempfindlich. Bei diesen Pflanzen sollte man die Eisheiligen (Mitte Mai) abwarten. Einige andere sind etwas härter gesotten, wie etwa Möhren, die können schon im März ausgesät werden. Die Aussaatzeiten findest du in den Pflanzensteckbriefen in diesem Buch. Damit die Zeit dann aber nicht zu knapp wird und die Pflanzen in den wenigen warmen Monaten es schaf-

fen, zu wachsen und Früchte auszubilden, ziehe ich viele Gemüse und Kräuter drinnen vor. Als Faustregel gilt: Nicht vor dem 1. März mit der Aussaat beginnen! Die Lichtverhältnisse in den Monaten davor sind einfach noch nicht ausreichend, um gesunde Pflänzchen vorzuziehen. Es sei denn, man sorgt für mehr Licht mit einer Pflanzenleuchte. Im Gewächshaus oder im Frühbeet kann man Gemüse und Kräuter auch schon früher aussäen und pflanzen, weil sie dort viel Licht bekommen. Ich habe kein großes Gewächshaus, wie man es aus Rosamunde-Pilcher-Filmen kennt. Ich habe nicht einmal eines, das man in einer Vorabendserie finden würde. Aber ich habe ein altes Gartenhäuschen, das einiges an Glasflächen statt Wänden hat, sodass viel Licht einfällt. Da ziehe ich schon mal Pflanzen vor. Aber nicht im großen Stil und nur solche Pflanzen, bei denen ich mir sicher bin, dass es klappt – wie zum Beispiel Tomaten.

LIEBER DIREKT INS BEET

Einige Gemüse gedeihen besser, wenn man sie direkt ins Beet sät. Dazu zählen neben den bereits erwähnten Möhren auch Rote Bete, Radieschen und Erbsen. Gerade Letztere wachsen so schnell, dass das Vorziehen von Jungpflanzen keinerlei Vorteile bietet.

Frühbeet

Meine Frühbeete lege ich, wenn ich es schaffe, schon im Herbst an. Hier pflanze ich dann Gemüse mit langer Kulturdauer an, wie Kohl oder auch Tomaten. Bei mir im Dorf gibt es glücklicherweise jemanden, der als Hobby sehr schöne Tomaten sät. Da bestelle ich rechtzeitig, was ich an Tomatenpflanzen neu ausprobieren möchte. Das ist ein kleinerer Teil. Den Großteil Tomaten säe und pflanze ich selbst aus meinen Beständen neu an. Der richtige Zeitpunkt ist, wenn im Frühling die Forsythien blühen. Dazu erzähle ich nachher noch etwas mehr in „Mein Gartenjahr" (siehe ab S. 50). Um meine Pflänzchen vor Kälte zu schützen, decke ich sie mit Frühbeetfenstern ab. Weil mein Garten so groß ist, mache ich das an unterschiedlichen Stellen. Die Abdeckung für eines meiner kleineren Rahmenbeete besteht zum Beispiel aus einer ganz ulkigen Eigenkonstruktion – einer alten Fensterscheibe. Sie passt perfekt. Nicht nur zum Beet-, auch zu meiner Recycling-Philosophie. Man muss nicht immer alles teuer kaufen, wenn man aufmerksam guckt, was man anderweitig noch verwenden kann – das ist Vintage-Style mit einem gewissen Flair fürs Auge.

So gelingt die Anzucht

Der beste Zeitpunkt für die Anzucht ist der März – siehe auch meine Steckbriefe zu den einzelnen Pflanzen in diesem Buch. Meine geliebten Chilis haben aber eine besonders lange Keimdauer, sodass ich sie schon Ende Februar/Anfang März aussäe. Tomaten hingegen keimen schnell, sie kommen bei mir erst Ende März/Anfang April in die Anzuchterde. Learning by doing, ich sag's dir!

Es gibt spezielle Anzuchttöpfe im Fachhandel, aber ich stelle sie lieber einfach selbst aus Pappe her. Dazu nehme ich die Unterteile alter Eierkartons und verstärke sie durch den Deckel. Der Vorteil von diesen natürlichen Anzuchttöpfen aus Pappe ist, dass ich sie, wenn die Keimlinge oder Setzlinge groß genug sind, einfach direkt samt Anzuchttopf ins Beet setzen kann. Die Pappe verrottet in der Erde. Ich bin ja ein großer Fan von einfachen Handgriffen und Recycling: je weniger Aufwand, umso besser.

Außerdem braucht man Anzuchterde. Sie ist einfach am besten geeignet, weil sie sehr locker ist, wenig Nährstoffe enthält und weitestgehend keimfrei ist. So wachsen die Keimlinge nicht zu schnell, sondern bilden erst einmal tiefe, gut verzweigte Wurzeln.

Wer es sich wie ich einfach machen und sich das Vereinzeln der Jungpflanzen (Pikieren) ersparen will, setzt pro Pflanzmulde, die man mit dem Daumen formt, nur ein Saatkorn oder hält genügend Abstand zwischen den Setzlingen ein.

Zum Keimen braucht es Temperaturen um die 25 °C, zudem muss Zugluft vermieden werden. Wenn du kein Mini-Gewächshaus für die Wohnung hast, kannst du auch Frischhaltefolie als Abdeckung benutzen oder Gefäße aus durchsichtigem Kunststoff. Während ich draußen meine 10-Liter-Ölkanister verwende, sind es drinnen eben kleinere Behälter.

die Chilis

SCHARFE SCHOTEN

ES LOHNT SICH, MIT DEN SCHARFEN SCHOTEN ZU EXPERIMENTIEREN. NICHT NUR MIT DEM EXPLOSIVEN GESCHMACK BEIM KOCHEN, SONDERN AUCH MIT DEN VIELFÄLTIGEN SORTEN IM ANBAU. CHILIS SIND ABSOLUT ANSPRUCHSLOS UND IN GETROCKNETEM ZUSTAND EIN PEPPIGER VORRAT FÜR DEN WINTER.

Chilis unterscheiden sich nicht nur im Schärfegrad, sondern auch im Aussehen und Geschmack. Manch einer denkt ja, dass exotische Pflanzen wie Chilis in unseren Breitengraden keine guten Chancen haben. Bei Chili ist aber das Gegenteil der Fall, sie gehören für mich zu den pflegeleichtesten Balkongewächsen. Sie wachsen in den kleinsten Töpfen, sind anspruchslos und werden von ungebetenen Gästen meist in Ruhe gelassen, weil sich Tiere nicht gern den Schnabel oder ein anderes Kauwerkzeug verbrennen. Da lassen sie lieber die Pfoten davon. Vereinfacht könnte man sagen, zehn verschiedene Chilisorten machen weniger Arbeit als eine einzige Sorte Schwarze Johannisbeeren.

Ein weiterer Pluspunkt: Bird's Eye, Cayenne, Piment d'Espelette, Habanero, Jalapeño, Piri Piri und Co. kann man leicht haltbar machen. Du wirfst die Schoten einfach auf ein Lochblech oder Kuchengitter und trocknest sie, entweder in der Sonne an einem geschützten Platz, bei niedriger Temperatur auf Umluftstufe im Backofen, oder du fädelst sie auf Rouladengarn auf und lässt sie quer durch die Küche gespannt ihre Feuchtigkeit verlieren.

Wenn du dann noch in eine Gewürzmühle mit hochwertigem Mahlwerk investierst, am liebsten eine aus Glas, und diese mit den selbst gezogenen, selbst geernteten und selbst getrockneten Chilischoten befüllst, hast du ein grandioses Geschenk für alle, die Würze im Leben schätzen. Und du kannst ehrlich dazu sagen: Da ist keine Chemie dran, die sind nicht gespritzt, die sind nicht um die halbe Welt geflogen, diese hübschen Schoten sind einfach nur allerfeinste, liebevolle Handarbeit.

CHILIS

SIE SIND VIEL MEHR ALS DIE KLEINEN SCHARFEN GESCHWISTER DER PAPRIKA – EXPERIMENTIEREN MIT VERSCHIEDENEN SORTEN IST SPANNEND.

Familie: Nachtschattengewächse

Alter: ein- bis mehrjährig (je nach Sorte)

Anzucht: im Februar auf der Fensterbank

Pflanzabstand: 40 cm, Reihenabstand 30 cm, Saattiefe 0,5–1 cm

Abhärten: ab Mai tagsüber an windgeschützten Ort, nachts reinholen

Pflanzzeit: ab Juni bzw. ab Temperaturen über 20 °C (im Topf oder ins Beet)

Keimung: Dunkelkeimer

Erntezeit: gegen Ende des Sommers (je nach Sorte)

Wuchshöhe: 30 cm–1,5 m (je nach Sorte)

Boden: humos, nährstoffreich, durchlässig, frisch und leicht feucht

Nährstoffbedarf: Starkzehrer

Standort: sonnig, windgeschützt

Wasserbedarf: weiches Wasser, am besten Regenwasser; je trockener der Wurzelballen, desto schärfe die Chilis – aber die Erde nie ganz austrocknen lassen

Ernte: wenn das Fruchtfleisch auf Druck leicht nachgibt; Schoten mit einem Stück Stiel abschneiden

Lagerung: mehrere Wochen im Kühlschrank; getrocknet mehrere Jahre; tiefkühlen möglich

gute Nachbarn: Salate

schlechte Nachbarn: dicke Bohnen, Erbsen, Kohlrabi, Rote Bete, Obstbäume

BOHNEN

DAS ANSPRUCHSLOSE GEMÜSE BRINGT GARANTIERT GROSSEN ERTRAG, AUCH BEI MENSCHEN OHNE GRÜNEN DAUMEN.

Familie: Schmetterlingsblütler

Alter: einjährig

Aussaat: Stangen- und Buschbohnen nach den Eisheiligen; mehrmals nachsäen bis Anfang Juli

Pflanzabstand: 5 cm, Reihenabstand 40–50 cm, Saattiefe 3–5 cm; kletternde Bohnen brauchen eine Rankhilfe

Keimung: Dunkelkeimer

Erntezeit: Juni bis Oktober

Wuchshöhe: Stangenbohnen 2–4 m, Buschbohnen 30–45 cm

Boden: humusreich

Nährstoffbedarf: Mittelzehrer

Standort: sonnig und windgeschützt

Wasserbedarf: während der Anzucht gut feucht halten; Bohnen brauchen sehr viel Wasser; bei großer Hitze die Blüten besprühen, das fördert die Fruchtbildung

Ernte: eine Hand hält die Ranke, die andere reißt die Schote ab; je mehr Bohnen man pflückt, desto mehr wachsen nach

Lagerung: in einem feuchten Tuch bei ca. 8 °C wenige Tage

gute Nachbarn: für Stangenbohnen sind es Kohlarten, Kohlrabi, Radieschen, Spinat, Zucchini; für Buschbohnen Bohnenkraut, Erdbeeren, Gurken, Kohlarten, Kohlrabi, Kopfsalat, Pflücksalat, Sellerie

schlechte Nachbarn: Erbsen, Knoblauch, Lauch, Zwiebeln

ANZUCHTERDE SELBST GEMACHT

Ich stelle meine Anzuchterde immer selbst her. Dafür mische ich Gartenerde (mit so wenig Unkraut wie möglich) mit gleichen Teilen Sand und ausgereiftem Kompost. Diese Mischung siebe ich gut durch. Es gibt spleenige Ratgeber, die einem nahelegen, die Erde auf ein altes Backblech zu geben und etwa 45 Minuten im Backofen bei 120°C (Ober-/Unterhitze) zu erhitzen. Dadurch wird die Anzuchterde sterilisiert. Ich bin der Ansicht, dass alles seine Grenzen hat und ich gar nicht weiß, wie viel Erde ich dafür in den Ofen schaufeln sollte. Abgesehen davon gehört in den Ofen eigentlich das, was ich meinen Gästen servieren möchte. Doch wer es probieren möchte, hat danach bestimmt was am Stammtisch zu erzählen.

Abhärten

Wenn die Pflänzchen ab Mitte Mai vollständig entwickelt sind, können wir sie langsam an kältere Temperaturen im Freiland gewöhnen. Dafür lassen wir sie an einem sonnigen, windgeschützten Tag erst mal eine Stunde draußen. Wir verlängern den Zeitraum langsam, jeden Tag ein bisschen, bis die Pflänzchen irgendwann auch nachts draußen bleiben können. In den Garten beziehungsweise ins Beet können sie dann nach den Eisheiligen, spätestens Anfang Juni.

Wasser: Wann, wie viel und welches ist am besten?

Nicht jede Pflanze braucht gleich viel Wasser – grobe Richtlinien zum Gießen habe ich in den Steckbriefen notiert. Auf jeden Fall muss in heißen Sommermonaten ausgiebig gewässert werden.

Fast alle Gemüse bekommen schon nach wenigen Tagen ohne Wasser schlaffe, helle Blätter. Wenn diese dann beginnen braun zu werden, ist es fast schon zu spät. Salat fängt bei Wassermangel vorzeitig an zu blühen, Fruchtgemüse wirft Knospen und Blüten ab, es kann dann nicht mehr verwendet werden. Zudem befallen Schädlinge liebend gern durch Trockenheit gestresste Pflanzen. Auf die ersten Anzeichen von Trockenheit solltest du also immer ein waches Auge haben. Nur Mittelmeerkräuter sind Hitze gewohnt und kommen längere Zeit auch ohne Wasser aus. Zu viel Wasser ist aber auch nicht gut, es führt wiederum zu Fäulnis und Pilzerkrankungen.

Doch genug Angst und Schrecken verbreitet! In meinem Gemüsegarten haben sich einige Regeln für das richtige Wässern bewährt:

~ Je nach Jahreszeit und Trockenheit wässere ich alle ein bis drei Tage.

~ Nie in der prallen Mittagssonne wässern! Besser à la „der frühe Vogel" oder am frühen Abend gießen. Zu spät soll es dann aber auch wieder nicht sein, denn Pilze und Schnecken lieben nächtliche Feuchtigkeit.

~ Am besten die Fläche direkte um die Pflanzen immer mal wieder leicht auflockern, damit das kostbare Wasser direkt zu den Wurzeln durchsickern kann.

~ Immer schön an den Fuß der Pflanzen gießen, nicht auf Blätter, Blüten und Früchte. Besonders Tomaten, Zucchini und Kürbis sind da sehr empfindlich: Sind ihre Blätter nass, werden sie leicht von Blattpilzen befallen.

~ Ich gieße nie eine ganze Kanne auf einmal aus, sondern lege kleine Pausen ein, damit das Wasser nach und nach einsickern kann. Das hat zudem eine meditative Nebenwirkung.

~ Vor dem nächsten Gießen lasse ich die Bodenoberfläche gut trocknen. Nur wenn ich gerade frisch gesät oder Setzlinge gepflanzt habe, halte ich den Boden schön feucht.

~ Ich gieße am liebsten mit Regenwasser, das ist das Beste für Gemüse. Erst mal kostet es nichts, und dann ist es natürlich viel ressourcenschonender als Leitungswasser. Regenwasser ist außerdem schön weich, was viele Pflanzen besser vertragen als das meist härtere Leitungswasser, das kalkhaltiger ist als Regenwasser. Deshalb habe ich in meinem Garten nicht nur eine, sondern gleich mehrere große Regentonnen stehen, die für mich das kostbare Nass sammeln, das vom Himmel kommt. Ich nutze sogar eine ausrangierte Badewanne als Regenwasserbehälter.

Okay, jetzt fragst du dich zu Recht: Wie viel Wasser brauchen meine Pflanzen denn nun genau? Ganz ehrlich: Woher soll ich das wissen? Kenne ich deine Pflanzen, habe ich eine Bodenprobe von deinem Garten? Was ich damit meine: Jede Pflanze ist verschieden, und jeder Boden nimmt Wasser anders auf und speichert es. Darum ist es ganz wichtig, zu beobachten, wie es deinen Pflanzen geht, wie feucht oder trocken der Boden ist, auf dem sie stehen, wie die Temperaturen und das Wetter sind. Damit sie weder wie ein begossener Pudel dastehen noch in Dürre darben. Eine Faustregel gibt es, zumindest habe ich davon gelesen: Blattreiche Pflanzen, wie Salat, Spinat und Mangold, sollten rund 10 bis 20 Liter Wasser pro Quadratmeter und Tag bekommen. Vor allem an heißen Tagen müssen sie sehr gründlich gewässert werden. Aber auch Sellerie braucht regelmäßig Wasser, kann ich aus meiner Erfahrung sagen (der dann allerdings doch nichts geworden ist, obwohl ich ihn so gut gegossen habe, grummel).

Gießen leicht gemacht
Auch wenn ich es genieße, an schönen Sommermorgen, wenn das Licht noch so verträumt-diesig ist, durch meinen Garten zu gehen und die Pflanzen mit der Gießkanne zu wässern, gebe ich ganz freimütig zu: Ich gieße natürlich nicht alle meine Beete per Hand, sondern benutze auch einen Gartenschlauch. Sonst hätte ich wirklich keine Zeit mehr für irgendetwas anderes, geschweige denn zum Kochen, und müsste wohl den Wecker auf 4 Uhr morgens stellen. Eine automatische Bewässerungsanlage zu installieren ist auf jeden Fall auch eine Überlegung wert – wenn dein Gemüsegarten recht groß ist, du viel unterwegs bist und deine Pflanzen gar nicht verlässlich wässern kannst oder wenn du es einfach bequem haben willst. Allerdings ist so eine Anlage nicht ganz günstig.

Ich habe einen günstigeren Tipp, der auch unter Nachhaltigkeitsgesichtspunkten super ist und in meinem Garten sehr gut funktioniert. Ich nutze alte, ausrangierte, vielleicht sogar porös gewordene Gartenschläuche, die ich zusätzlich noch mit einer dicken Nadel durchsteche, damit sie ganz viele Löcher haben und eine Tröpfchenbewässerung ermöglichen. Aufs Ende des Schlauchs kommt ein Adapter-Stopfen,

die Bohnen

GRÜNES GLÜCK

AUSGERECHNET DIE GRÜNE BOHNE, MAN MAG ES KAUM GLAUBEN, HAT MICH VOR EINE ZIEMLICHE HERAUSFORDERUNG GESTELLT. ERST HAT SIE MIR GROSSE HOFFNUNG BEREITET. DOCH WAS FOLGTE, WAR DAS GRAUEN AM ABEND.

Die Bohne sollte einen beginnenden Hobby-Anbauer eigentlich schnell für sich begeistern können. Sie hat es gern sonnig, stellt aber keinen großen Anspruch an den Boden. Es gibt viele tolle Sorten zum Ausprobieren, und der Ertrag stellt sich sogar bei Menschen ein, die an ihren zwei linken Händen einen grünen Daumen nicht ihr Eigen nennen.

Wo ist der Haken? Der ist wohl für die allermeisten vollkommen egal. Aber ich bin Maria. Und ich bewirte in der „Bachstelze" Gäste, die ein Anrecht auf Perfektion haben. Ich hatte eine Sorte grüne Bohnen, die fulminant getragen hat. Der vollkommene Wahnsinn. Eine super Ernte. Als ich sie dann zum ersten Mal blanchiert habe, kam der Schönheitsfehler ans Abendlicht: Die Bohnen wurden übelst schnell grau. Grauenvoll grau. So schnell konntest du gar nicht gucken, das habe ich noch nie erlebt.

Und ich habe schon wahrlich viele Bohnen in meinem Leben blanchiert. (Klar, habe ich sie abgeschreckt!)

Trotz aller gelegentlicher Rückschläge: Man muss da locker rangehen. Die Bohnensorte kommt mir einfach nicht mehr in den Garten. Trotz des guten Ertrags haben das Produkt und ich nicht zueinandergefunden. Für einen selbst ist die Farbe vielleicht kein großes Thema, aber graue Bohnen im Restaurant anzubieten ist leider nicht vorstellbar.

Bevor ich mich aber damit beschäftige, ob ich vielleicht keinen Bohnenboden habe, werde ich mich erst einmal mit einer anderen Sorte grüner Bohnen beschäftigen – zum Glück gibt es ja eine riesige Auswahl davon, egal ob Busch- oder Stangenbohnen. Das wird schon klappen, sonst hießen die Schoten ja graue Bohnen.

ROTE BETE

VON WEGEN ROTE BETE – ES GIBT SIE AUCH IN ANDEREN FARBEN. SIE SEHEN AUF DEM TELLER EINFACH TOLL AUS! UND SIE SCHMECKEN ALLE SUPER.

Familie: Gänsefußgewächse

Alter: eigentlich zweijährig, wird aber im ersten Jahr geerntet

Aussaat: ab April (wenn es nicht mehr zu kalt ist) bis Juni

Pflanzabstand: 10 cm, Reihenabstand 30 cm, Saattiefe 1–2 cm

Keimung: Dunkelkeimer

Erntezeit: ab Juli bis zum ersten Frost

verwendete Teile: Knolle, Blätter

Wurzeltiefe: bis 30 cm

Boden: humoser, tiefgründiger Boden

Nährstoffbedarf: Mittelzehrer

Standort: sonnig

Wasserbedarf: nur bei längerer Trockenheit oder auf sehr sandigem Boden gießen

Ernte: Rübe gerade aus dem Boden ziehen, Erde abschütteln; eventuell mit dem Spaten oder der Grabegabel lockern

Lagerung: unversehrte Rüben in einer Kiste mit feuchtem Sand, feuchten Sägespänen oder Kokosfasern; im kühlen Keller, Schuppen oder in einer frostfreien Garage bis zum Frühjahr

gute Nachbarn: Dill, Erbsen, Feldsalat, Gurken, Kohl, Kohlrabi, Kopfsalat, Zucchini, Zwiebeln

schlechte Nachbarn: Kartoffeln, Lauch, Mangold, Möhren, Spinat

HOLUNDER

HOLUNDER, AUCH FLIEDERBEERE GENANNT, IST EIN ECHTER VITAMIN-C-BOOSTER. UND DIE BLÜTEN BRINGEN EIN UNVERGLEICHLICHES AROMA IN GETRÄNKE UND SÜSSSPEISEN.

Familie: Moschuskrautgewächse

Alter: zweijährig

Vermehrung: durch Stecklinge

Pflanzen von Stecklingen: Herbst oder frühes Frühjahr (März/April)

Pflanzabstand: 2–3 m

Keimung: Kaltkeimer

Erntezeit: Blüten von Ende Mai bis Juni; Beeren Ende September/Oktober

verwendetete Teile: Blüten und Beeren

Wuchshöhe: 1 bis 15 m

Boden: anspruchslos; ideal ist feuchter, durchlässiger, saurer und sandiger Lehmboden

Nährstoffbedarf: Starkzehrer

Standort: sonnig bis halbschattig

Wasserbedarf: hoch bei frischer Pflanzung; später nur bei längerer Trockenheit gießen

Ernte: Blüten kurz nach dem Öffnen der Einzelblüten an sonnigem Vormittag schneiden, wenn der Tau abgetrocknet ist; locker in einen Korb legen; reife schwarze Beeren (unreife Beeren sind giftig); Dolden mit der Schere oder einem Messer abschneiden

Lagerung: Blüten am selben Tag verarbeiten; Beeren kühl und dunkel im Kühlschrank bis zu 2 Wochen

gute Nachbarn: alle Strauchgewächse

damit das Wasser dort nicht im großen Schwall rausläuft. So haben wir Familien im Osten uns schon früher immer geholfen: statt Geld auszugeben für Dinge, die man schwer kriegen kann, lieber Dinge umfunktionieren, die man bereits hat.

Natürlich düngen und Schädlingen zu Leibe rücken

„Natürlich" ist hier im zweifachen Wortsinn gemeint: Natürlich muss man den Boden regelmäßig füttern, auf dem Gemüse wächst und ihn auszehrt. Ich lebe zwar in Maßen damit, dass die Tiere meine Pflanzen fressen. Aber natürlich muss auch ich den Schädlingen Einhalt gebieten, die mein Gemüse und seine Blätter und Wurzeln so sehr vergöttern und gefühlt Tag und Nacht daran knabbern. Aber ich dünge und „kämpfe" nur natürlich, das heißt, chemische Mittel kommen mir nicht ins Haus oder, besser gesagt, in den Garten und auf die Beete. Niemals! Auch wenn ich noch so genervt vor den ungebetenen Gästen im Beet stehe und denke: Ihr kleinen Drecksäcke, das ist verdammt noch mal mein Salat!

Also verwende ich natürliche Schädlingsbekämpfungsmittel und Bio-Dünger – das ist vor allem mein eigener Kompost. Er ist ein super Helfer zum Auflockern und Lüften des Bodens und die perfekte Nahrung für Regenwürmer und Mikroorganismen, ohne die die Pflanzen nicht wachsen würden. Und dann ist es noch so, dass ein natürlich gedüngter Boden die Pflanzen stärker wachsen lässt und sie so auch widerstandsfähiger gegenüber Schädlingen sind. Im Frühjahr verteile ich den Kompost großflächig auf den Beeten nach der Bodenlockerung und arbeite ihn leicht ein. Dann riecht es bei mir mal ein paar Tage sehr nach ländlicher Idylle, um es romantisch zu umschreiben. Die Starkzehrer bekommen den meisten Kompost, man sagt, dass sie bis zu sechs Liter Kompost pro Quadratmeter brauchen. Die Mittelzehrer etwas weniger, maximal drei Liter, und die Schwachzehrer sollen mit höchstens einem Liter Kompost pro Quadratmeter versorgt werden.

Außerdem dünge ich in der ganzen Gartensaison bis zum Herbst immer wieder mal nach. Je nach Gefühl mit Kompost oder meinen Düngebrühen. Sehe ich einer Pflanze an, dass sie vielleicht ein wenig Dünger gebrauchen könnte, zum Beispiel weil sie gelbe Blätter hat, die Blattadern sichtbar sind oder sie etwas kümmerlich wächst, nehme ich das zum Anlass, mal wieder genauer zu schauen, ob es nicht auch für andere an der Zeit ist für eine Düngergabe. Ich dünge allerdings nie im großen Stil.

Im Herbst besorge ich meist eine große Menge Pferdemist, den ich überall einarbeite, auch in meine Rahmen- und Hochbeete. Im Winter zersetzt sich der Mist durch den Frost im Boden.

Bio-Dünger aus Kompost

Ein weiterer guter Bio-Dünger – vor allem für Gurken, Tomaten, Zucchini und Beerensträucher – ist Kaffeesatz. Er enthält viel Stickstoff (für starkes Blattwachstum), Kalium (für den Zellaufbau) und Phosphor (regt die Blütenbildung und Fruchtreife an, also jede Menge wichtige Nährstoffe für den Boden. Ich streue ihn einfach um meine Pflanzen herum. Kaffeesatz habe ich jede Menge. Doch bevor ich ihn ausbringe, lasse ich ihn trocknen, denn feuchter Kaffeesatz schimmelt schnell. Kaffeesatz als Bio-Dünger ist ein weiterer Grund, auf Kaffeekapseln zu verzichten.

Brühen und Jauchen – der feine Unterschied

Je nachdem, welches Problem man im Garten hat, nimmt man eine andere Pflanze als Basis für Brühen oder Jauchen. So hilft Ackerschachtelhalm zum Beispiel gegen Sternrußtau, Mehltau, Spinnmilben und Schorf. Farnkraut nimmt man gegen Blattläuse und Schnecken, es gleicht zudem Kaliummangel aus. Auch Rhabarberblätter sind gegen Blattläuse und außerdem gegen Pilzkrankheiten wirksam. Ein Holunderblättersud beugt Kohlweißlingen vor, und zudem mögen ihn auch Maulwürfe, Wühlmäuse und Ameisen nicht gern riechen.

Der Unterschied zwischen einer Pflanzenbrühe und einer -jauche ist der, dass eine Brühe nur kurz zieht und vor allem zur Bekämpfung von Schädlingen wie Blattläusen und Spinnmilben eingesetzt wird. Eine Jauche muss über längere Zeit gären und ist ein ergiebiges Konzentrat, um Pflanzen zu düngen und zu stärken. Allerdings, lass mich eine Warnung voranstellen, wenn du in Hamburg-Eppendorf, München-Grünwald oder anderen feineren Stadtteilen deine Jauchen selbst herstellen möchtest: Das Ganze stinkt zum Himmel! Bei Brühen ist das nicht der Fall, da sie eben nicht gären müssen. Nicht jeder Nachbar, der letztes Jahr noch begeistert deine halbe Ernte über den Gartenzaun entgegengenommen hat, wird auf den Tag gewartet haben, an dem du selbst Jauche herstellst.

Gleiches gilt übrigens auch für „natürliche" Schneckenfallen, aus Bier zum Beispiel. Tierkadaver verströmen halt auch keinen Eau-de-Toilette-Wohlgeruch. Davon abgesehen sind Pflanzenjauchen und -brühen wahre Wundermittel, da man gleich zwei Fliegen mit einer Klappe schlägt: Das „Unkraut", Brennnessel zum Beispiel, wird nicht nur rausgerupft, sondern zudem auch nutzbringend verwertet.

Brennnesselbrühe

Du brauchst dafür einen 10-Liter-Eimer, 1 kg klein geschnittene junge Brennnesseln (sie dürfen noch nicht blühen), 10 Liter Regenwasser.

Gib die Brennnesseln mit dem Wasser in den Eimer und lass sie 12 bis 24 Stunden ziehen. Siebe danach die Pflanzen ab. Die Brennnesselbrühe ist fertig, und du kannst sie sofort unverdünnt auf deine befallenen Pflanzen aufbringen. Allerdings: Die Brühe ist höchstens drei Tage wirksam.

Brennnesseljauche

Sie ist die große Schwester der Brühe und ein prima Düngemittel. Dazu benötigt man dieselben Zutaten wie bei der Brühe, aber man gibt am besten noch eine Handvoll Steinmehl dazu – das bindet den im Lauf der Zeit entstehenden fiesen Fäulnisgeruch. Die Mischung muss etwa zwei Wochen an einem möglichst sonnigen Platz stehen, dabei rührt man sie ein- bis zweimal täglich um.

der Holunder

FLIEDERKAPERN

DER HOLUNDER, AUCH FLIEDERBEERE GENANNT, IST ZU UNRECHT AUS DER MODE GEKOMMEN. ER WIRD GERN AUF DEN VITAMIN-C-GEHALT SEINER FRÜCHTE REDUZIERT, DABEI KANN ER SO VIEL MEHR.

Man sagt, dass der Schwarze Holunder eines der gesundheitsförderndsten Gewächse in Mitteleuropa ist. Bereits unsere Vorfahren hatten das aus Erfahrung gelernt und setzten ihn als Heilmittel ein. Neben Vitamin C ist auch sein Gehalt an sekundären Pflanzenstoffen enorm. Wer mal eine Kochshow mit Alfons Schuhbeck gesehen hat, wird sich vielleicht erinnern, dass diese freie Radikale einfangen und damit Entzündungen bekämpfen. Nicht zu vergessen ist der hohe Kalium- und Kalziumgehalt der Beeren, der für ein gesundes Herz wichtig ist.

Dass man aus den herrlich duftenden Holunderblüten einen superaromatischen Sirup herstellen kann, ist bekannt. Aber was tun mit den Beeren? Klar, sie zu Saft zu verarbeiten und durch Erhitzen haltbar machen, das kennen wir noch von unseren Großeltern. Holundersaft schmeckt eigen und ziemlich sauer. Aber sauer macht ja bekanntlich lustig, und zum Glück hat der liebe Gott, wenn er es war, Honig oder anderes zum Süßen erfunden. Aber nur für Saft ist Holunder eigentlich zu schade.

Bevor die Fliederbeeren im Spätsommer dunkelblau und reif am Strauch hängen, ernte ich eine größere Menge grüner Beeren. Diese koche ich mit Essigessenz, Salz und Pfeffer, wecke sie ein und nutze sie dann wie Kapern. Das schmeckt superlecker auf Tatar oder Hühnerfrikassee. Sie akzentuieren den Geschmack der Gerichte und bringen zusätzliches Aroma. Eingelegte Holunderbeeren sind der Knaller, die Gäste in der „Bachstelze" kommen nie darauf, was es sein könnte.

KÜRBIS

DAS BESTE AM HERBST SIND KÜRBISSE – SIE SIND UNGEMEIN VIELFÄLTIG UND DABEI KALORIENARM, GESUND UND ÄUSSERST AROMATISCH.

Familie: Kürbisgewächse

Alter: einjährig

Aussaat: ab Mitte April unter Glas, Mitte bis Ende Mai ins Beet

Pflanz- und Reihenabstand: 100–120 cm; mind. 1 qm Platz pro Pflanze

Keimung: Dunkelkeimer

Erntezeit: ab Ende August bis zum ersten Nachtfrost

verwendete Teile: Früchte, Blüten

Boden: nährstoffreiche Erde (mit Kompost); die Pflanze kann auch direkt in Kompost gesetzt werden

Nährstoffbedarf: Starkzehrer

Standort: sonnig, warm

Wasserbedarf: nur bei Trockenheit; bei längeren Regenperioden Früchte mit Stroh unterlegen

Ernte: Früchte so lange wie möglich an der Pflanze belassen; vor dem ersten Frost ernten; Fruchtkörper mit etwa 5 cm langem Stiel abschneiden

Lagerung: luftig, bei 10–15 °C; je dicker die Schale und je fester das Fleisch, desto länger hält sich ein Kürbis (bis zu 1 Jahr); junge Kürbisse und Sommerkürbisse 2 Wochen

gute Nachbarn: Bohnenkraut, Erbsen, Kapuzinerkresse, Stangenbohnen, Zwiebeln

schlechte Nachbarn: Dill, Gurken, Kartoffeln, Zucchini

MINZE

MINZE GIBT ES IN ZAHLREICHEN SORTEN MIT GANZ UNTERSCHIEDLICHEN AROMEN. ICH EMPFEHLE: UNBEDINGT MEHRERE SORTEN ANBAUEN.

Familie: Lippenblütler

Alter: mehrjährig

Aussaat: auf der Fensterbank in den ersten Märzwochen

Pflanzzeit: ab Mitte Mai oder auch bereits im September/Oktober

Pflanzabstand: 50 cm

Keimung: Lichtkeimer

Blütezeit: Juni bis September

Erntezeit: das ganze Jahr über; größter Ertrag zwischen April und September

verwendete Teile: Blätter (z. B. für Tee)

Wuchshöhe: 60–90 cm

Boden: humusreich und gut durchlässig, möglichst kalkarm

Nährstoffbedarf: Mittelzehrer

Standort: halbschattig, windgeschützt

Wasserbedarf: regelmäßig morgens oder abends wässern, Boden zwischen den Wassergaben abtrocknen lassen

Ernte: vor Beginn der Blüte im Juni; alle Stängel bis eine Handbreit über dem Boden zurückschneiden, treibt erneut aus, zweite Ernte im Spätsommer; einzelne Blätter abzwicken gefällt den Pflanzen nicht

Lagerung: mind. 3 Wochen in einem Behältnis in nassem Küchentuch im Kühlschrank; Blätter kann man tiefkühlen

gute Nachbarn: Kartoffeln, Kohl, Kopfsalat

Wenn die stinkende, aber pflanzengesunde Mischung nicht mehr schäumt, ist der Gärprozess abgeschlossen. Die Jauche wird durchgeseiht. Die festen Bestandteile kann man auf den Kompost geben oder als Mulch im Gemüsebeet verteilen. Darüber freuen sich besonders die Tomaten und andere Starkzehrer. Wie so oft gibt es auch hier mal wieder eine Ausnahme von der Regel: Brennnesseljauche ist ein super Düngemittel, doch da sie sehr stickstoffhaltig ist, wird sie von einigen Pflanzen, wie Erbsen, Möhren, Knoblauch und Zwiebeln, nicht gut vertragen.

Bevor die Jauche ausgebracht wird, muss sie noch mit Wasser verdünnt werden: Das Mischverhältnis ist 1:10, also 1 Teil Jauche und 10 Teile Wasser.

Wenn dir das Ausbringen des Düngemittels zu übel riecht, suchst du dir einen guten Freund und sagst ihm: „Günther, jauch ...!"

TIPP: EIERSCHALEN ALS SCHNECKENBARRIERE

Eierschalen gebe ich nicht einfach auf den Kompost, ich zerkleinere und streue sie als Schneckenabwehr um gefährdete Pflanzen. Die Schnecken meiden die kantigen Barrieren aus Schalenstücken. In einem Restaurant fallen natürlich mehr Eierschalen an als bei dir zu Hause, manchmal gebe ich sogar eine große Menge davon im Schongang in die Spülmaschine. So kann ich sie im Winter für die Gartensaison sammeln und lagern. Wenn du kein Restaurant, aber viele Schnecken im Garten hast, solltest du also vielleicht Straußeneier zum Frühstück essen.

Von der Natur lernen

Ich spreche aus eigener Erfahrung, wenn ich folgendes Schreckensszenario aufzeige: Dein erstes Gartenjahr ist um. Du hast dabei so viel gelernt und gemacht und getan – und dann bist du total enttäuscht von deiner Ernte. Vieles ist womöglich rein gar nichts geworden, etliches ist mickrig geblieben oder schmeckt einfach nicht oder nach nichts. Einen Garten zu haben bedeutet auch immer, Rückschläge sportlich zu nehmen. Und Entdeckergeist zu besitzen. Du brauchst Lust und Freude am Ausprobieren und auch Durchhaltevermögen, sonst wird das nichts. Wenn eine Gemüsesorte nicht gut funktioniert hat, versuche es im nächsten Gartenjahr einfach mit einer anderen.

Ziehe Lehren aus deiner Gartenarbeit! Beharre nicht hartnäckig auf etwas, was bei dir einfach nichts werden will. Woran es liegt? Das ist am Ende doch egal: der Boden, die Licht- oder Wasserverhältnisse, dein nicht vorhandener grüner Daumen ... Dafür wächst und gedeiht garantiert einiges, was durch Zufall in deinem Garten gelandet ist – hier geht die Ernte auf einmal durch die Decke.

Meine Lieblinge sind die Gemüse-, Obstsorten und Kräuter, die am besten wachsen und am wenigsten Pflege und Aufmerksamkeit brauchen. Ganz vorn steht bei mir die Minze. Aber auch Bohnen, Paprika und Tomaten, die ich nicht mehr ausgeizen muss, Mangold, weil er zudem eine echte Augenweide ist, und natürlich Kürbis und Zucchini, obwohl die echt viel Wasser brauchen. Was ich mir bestimmt nicht mehr ans Bein binde, ist Sellerie. Er ist oft so klein geblieben, obwohl ich ihn sehr viel gewässert habe. Eine echte Diva, finde ich. Genauso Kohl. Den habe ich ganz aufgegeben, denn wenn man auf einigermaßen heile Blätter hofft, kommt man ums Spritzen nicht herum. Ansonsten kannst du regelrecht dabei zusehen, wie sich die Kohlfliegen unerbittlich durch die Kohlköpfe fressen.

Das Wichtigste, das ich gelernt habe, ist, dass man als Gärtnerin unglaublich viel Geduld braucht. Früher hat man sich ein Haus gekauft und einen Baum gepflanzt. Dann hat man abgewartet und geduldig beobachtet, wie er groß wurde. Heute soll immer alles schnell gehen, am liebsten würden wir uns die 20 Meter hohe Birke schon vors Haus pflanzen, um gleich ein Baumhaus drin zu bauen und die Gartenbank in ihren lauschigen Baumschatten zu stellen. Was ich durch die „Bachstelze" aber sehr zu schätzen gelernt habe, ist das ganzheitliche Denken, das man braucht, wenn man einen Gemüsegarten anlegt und bewirtschaftet. Alles lebt in einem empfindlichen Gleichgewicht miteinander und durchläuft einen immerwährenden Kreislauf. Wenn wir die Gesetze und Regeln der Natur beachten, können wir sehr gesund und gut leben.

BACHSTELZE
- what else

MEIN GARTENJAHR IN ZEHN JAHRESZEITEN

DAS JAHR HAT VIER JAHRESZEITEN – FRÜHLING, SOMMER, HERBST UND WINTER. KLAR. ODER DOCH NICHT? WER SICH IM GARTEN AUSKENNT, RECHNET MIT ZEHN JAHRESZEITEN UND BAUT AN, ACKERT UND ERNTET NACH DEM SOGENANNTEN PHÄNOLOGISCHEN KALENDER.

Schon als Kind hat man gelernt, dass es vier Jahreszeiten gibt. Doch dann wird man Gärtnerin, liest ein paar Bücher, spricht mir gartenerprobten Freunden, und es erschließen sich einem ganz neue Welten.

Die zehn Jahreszeiten

Es gibt nämlich nicht nur vier, sondern zehn Jahreszeiten! Allerdings spricht man in der Gärtnersprache eher von Vegetationsperioden. Warum es aber wirklich wertvoll ist, sich auf diese Wissenserweiterung einzulassen, kann ich dir verraten: Der sogenannte, mir lang unbekannte phänologische Kalender richtet sich nach „Zeigerpflanzen", die zu einer bestimmten Jahreszeit blühen, und anderen natürlichen Begebenheiten wie der Rückkehr der Schwalben. Das, was wir in der Natur beobachten können, gibt uns also den Impuls, was wann im Garten getan werden kann oder sollte. Vergiss also Regeln, die irgendwann einmal aufgestellt wurden, aber nie die tatsächlichen Witterungsverhältnisse beachten oder an das veränderte Klima angepasst wurden. Die Natur weiß es am allerbesten und richtet alles klug ein.

Bevor ich den Begriff überhaupt zum ersten Mal gehört habe, habe ich schon instinktiv versucht, im Garten der „Bachstelze" nach dem phänologischen Kalender zu arbeiten. Die folgenden Angaben zum Pflanzen, Pflegen und vor allem zur Ernte, sind aber eher Circa-Angaben, sie hängen neben der Witterung auch von den Sorten und Standorten ab.

Vorfrühling: Die Schneeglöckchen blühen (Februar bis Ende März).
Gemüse und Kräuter vorziehen (bis Ende April): Der Vorfrühling, wenn noch nicht so viel im Garten zu tun ist, eignet sich gut dafür, die ersten Setzlinge im Haus vorzuziehen. Dann kann man, wenn es wärmer wird, gleich mit dem Pflanzen starten kann. Ich säe zum Beispiel verschiedene Tomatensorten und Kohlrabi, beide haben eine recht lange Kulturzeit. Auch diverse Chilisorten und Kräuter ziehe ich vor. Allerdings gibt

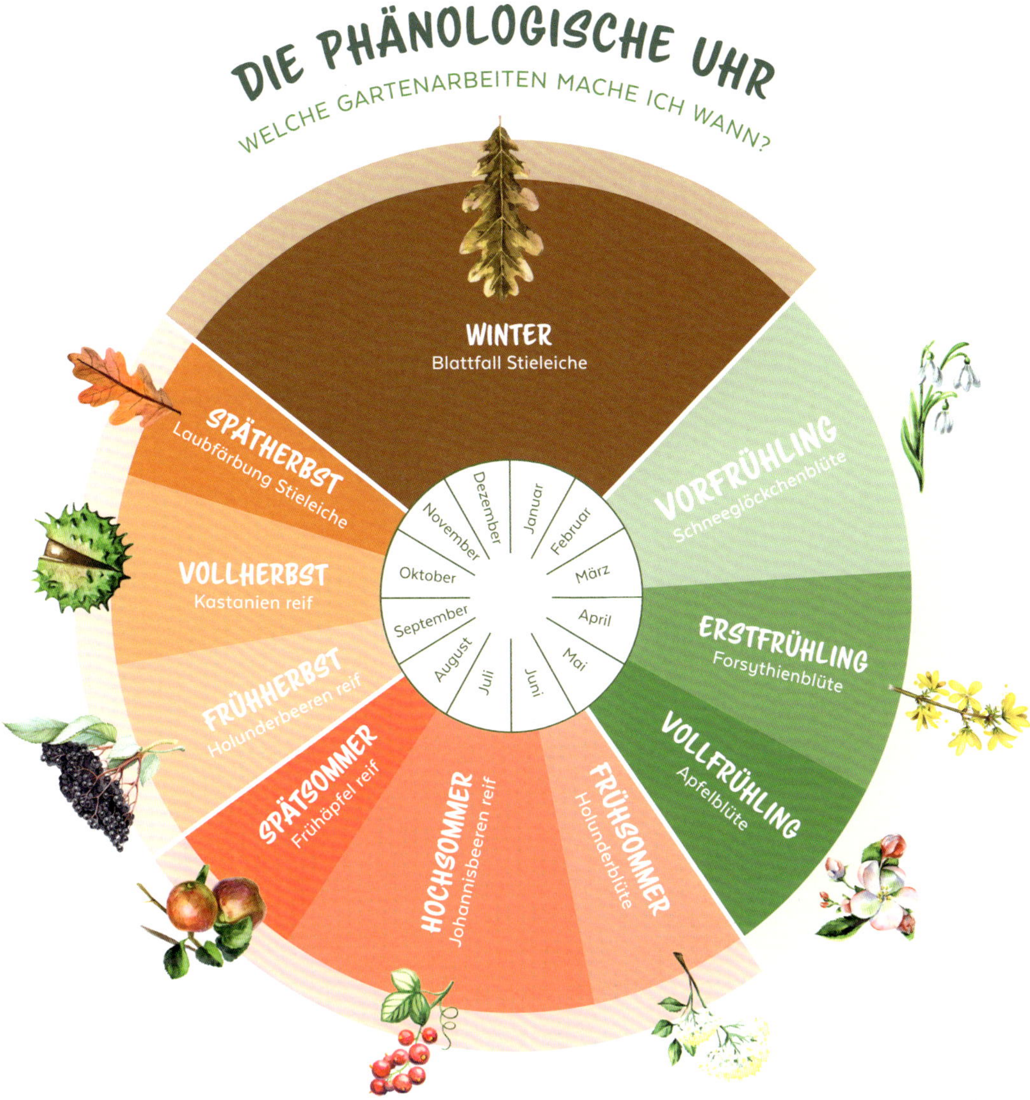

auch vieles, das du nicht vorziehen musst – Radieschen, Spinat und Rucola zum Beispiel.

Schon ins Beet: Meinen geliebten Frühlingsknoblauch setze ich jetzt schon ins Beet, die ideale Steckzeit ist der Februar, dann kann er bis zum Herbst erntereife Knollen hervorbringen. Die Knollen sind etwas kleiner als die des Winterknoblauchs, der von September bis November gepflanzt wird. Frühlingsknoblauch ist nicht so anfällig für Schädlinge, weil er nicht so lang in der Erde steckt.

Boden vorbereiten: Pflanzenreste und Unkraut werden entfernt, dann lockere ich mit der Grabgabel den Boden vorsichtig auf, damit die Erde gut durchlüftet wird, nachdem sie im Winter von Schnee und Regen verdichtet wurde. Eine schweißtreibende Arbeit, keine Frage, aber so kommt man besser als mit Frühjahrssport wieder in die Gänge. Gern animiere ich auch immer wieder mir nahestehende Personen, sich sinnvoll im Garten zu betätigen.

Rückschnitt: Meine Himbeersträucher schneide ich schon im Herbst zurück, man kann es aber auch in Frühjahr machen. Bei den Brombeersträuchern schneide ich die Ruten, die im Vorjahr getragen haben, rigoros über dem Boden ab (siehe S. 74), ansonsten überlasse ich sie weitgehend ihrem freien Willen.

Kompost ausbringen (März/April): Nach der Bodenvorbereitung wird die Erde mit Kompost angereichert. Ich nehme dafür meine eigene Komposterde (siehe S. 70), verteile sie als bis zu 10 cm dicke Schicht auf meine Beete und arbeite sie leicht ein.

Gründüngung aussäen (von März bis Oktober): Gründüngung ist nur nötig, wenn du dein Beet sehr beansprucht und ausgelaugt hast. Ich verzichte darauf, weil ich im Herbst eine Fuhre Pferdemist in die Beete eingearbeitet habe.

Kompost umsetzen: Er wird von Kammer eins in Kammer zwei umgesetzt (mehr dazu auf S. 71).

Ernte: An Feldsalat, dem typischen Wintersalat, versuche ich mich immer wieder (er wird schon im Herbst ausgesät). Doch weil er nicht nur in der Restaurantküche beliebt ist, stehe ich bei seiner Ernte im Wettbewerb mit anderen Gartenbewohnern. Also ernte ich ab Januar das, was die tierischen Mitesser im Garten übrig gelassen haben.

Erstfrühling: Die Forsythien blühen
(Ende März bis Mitte April)

Erste Gemüse säen und pflanzen: Einige nicht so frostempfindliche Gemüse können ins Beet gesät oder gesteckt werden, zum Beispiel Kartoffeln (ab Anfang April, wenn die Bodentemperatur mindestens 7 °C beträgt), Kohlrabi, Möhren (frühe Sorten) und Radieschen. Auch Fenchel kann jetzt gesät werden, das geht aber auch noch bis Mitte August. Pflücksalat säe ich ebenfalls schon ab Anfang April ins Beet, schütze ihn aber noch mit einem Vlies vor spätem Frost. Das mache ich bei vielen Pflanzen und durchaus auch länger als Mitte April. Ich habe stets den Wetterbericht im Blick, und wenn doch noch mal Spät- oder Nachtfröste angekündigt sind, kommen bei mir Vliesbahnen durchaus noch bis Anfang Mai zum Einsatz.
Ein Tipp: Ich beobachte stets, wie die vorgezogenen Pflanzen wachsen. Sind sie noch klein und zart, brauchen sie natürlich mehr und länger Schutz. Umgekehrt: Wenn es tagsüber schon relativ warm ist, werden die Pflanzen schnell kräftiger und brauchen auch keine Kuscheldecke mehr.

Aussaat im Haus oder Frühbeet: In den ersten Wochen des Jahres nutze ich mein Hochbeet als Frühbeet, indem ich es mit Glasscheiben abdecke. Darin säe ich Kopfsalat, Gurken und manchmal Zucchini. Zucchini sind komischerweise Pflanzen, die ich nicht jedes Jahr ansäe, sondern oft auf dem Markt kaufe. Wenn du mich fragst: Wieso? Dann kann ich nur scherzhaft sagen: Zucchini zu ziehen bringt irgendwie keine Ehre.

EIN BEET NEU ANLEGEN

Wenn du ein Gemüsebeet neu anlegst, suchst du dir im Frühjahr einen schönen sonnigen Platz dafür aus. Um den zu einem Beet umzuwandeln, gräbst du den Boden einmal um und reicherst ihn mit dem an, was er noch braucht, um bepflanzt zu werden. Da die Erde noch nicht bearbeitet ist, kann das Ganze sehr anstrengend sein. Mein Tipp ist deshalb, Rahmenbeete anzulegen oder aber deine Wunschfläche schon ein halbes Jahr vorher (im Frühherbst ist eine gute Zeit) mit großen, unbedruckten Pappen auszulegen. Bedecke sie mit einer Schicht Erde oder Kompost und wässere alles gut.

die Kartoffeln

LIEBLINGSGEMÜSE

DIE KARTOFFEL WAR EINER MEINER GRÜNDE, UM ÜBER EIGENE ERNTEN NACHZUDENKEN. SEIT LÄNGERER ZEIT HABE ICH EINE LIEBLINGSSORTE, DIE ICH IM RESTAURANT UND PRIVAT GERN SERVIERE.

Meine Lieblingskartoffel hat einen Haken: Sie ist Französin, heißt Andean Sunside oder Andengold und ist in Deutschland schwer zu bekommen. Also muss ich sie teuer in Frankreich oder über Gourmethändler kaufen. Sind die Lieferketten dann mal unterbrochen, wie es zu Pandemiezeiten der Fall war, stehst du auf einmal ohne des Deutschen liebstem Gemüse da.

Deshalb dachte ich mir: Was nur teuer und schwer zu bekommen ist, ist natürlich das perfekte Ding, um es selbst zu kultivieren. Einmal investiert in einen Sack Kartoffeln, und dann steckst du die Knollen einfach in die Erde. Also habe ich welche aufgehoben, um sie im Frühjahr aufs Feld zu setzen. Das haben ja die wenigsten im Hinterkopf, weil wir es verlernt haben, wie simpel das geht.

Ich weiß zum Zeitpunkt, an dem ich das hier schreibe, noch gar nicht, ob meine Lieblingskartoffel ertragsreich ist, denn das wäre natürlich ein Grund, warum diese Sorte so teuer ist. Teure Produkte sind oft wenig ertragreich oder schlecht zu lagern. Aber vielleicht sind sie auch so teuer, weil es weniger Nachfrage gibt. Apropos Nachfrage: Du fragst jetzt sicher, was denn das Besondere an dieser Frankreich-Knolle ist? Sie ist ein mehligkochender, goldgelber Allrounder. So gelblich, dass man denken könnte, du hättest eine Prise Safran mitgekocht. Und sie schmeckt ganz fein. Egal ob als Salzkartoffel, als Püree oder Chips. Ich würde sagen: Andengold ist ein absoluter Geheimtipp. Eine französische Kartoffelkönigin, die jetzt in der Ostzone ihre Wurzeln schlägt. Ich bin schon so gespannt auf meine Ernte!

der Fenchel

ANISAROMA

FENCHEL IST MIR SCHON DESWEGEN SO SYMPATHISCH, WEIL ER POLARISIERT. DIE EINEN MÖGEN IHN GAR NICHT, DIE NÄCHSTEN HASSEN IHN, UND FÜR ANDERE IST ER DIE TOLLSTE UND GESCHMACKVOLLSTE KNOLLE, DIE ZWISCHEN MESSER UND GABEL AUF DEM TELLER LANDEN KANN.

Dass ihn manche nicht mögen, liegt natürlich an seinem einzigartigen Geschmack. Dabei ist er so vielfältig. Roh gehobelt ist er vollkommen anders als geschmort.

Bronzefenchel ist wieder etwas anderes, er bildet keine Knolle aus, bei ihm geht es um das würzige Kraut. Nicht zu vergessen die Fenchelsamen, ganz oder gemörsert als Gewürz. Ich verwende sie liebend gern, kann sie aber gar nicht in der Menge ernten, in der ich sie das Jahr über im Restaurant brauche.

Nicht nur Geschmack und Vielfalt machen Fenchel so besonders, auch beim Anbau verhält er sich vorbildlich, weil er einfach sein Ding macht und du staunend danebenstehen und ihn bewundernd ignorieren kannst – er wächst praktisch von allein. Seine Senföle und die Anisnote sind ja nicht nur für so manche Menschen abtörnend, auch Schnecken und anderes Viehzeug gehen da nur mit Vorbehalt ran. Die Schnecke ist ja auch nur ein Mensch, sie geht lieber schnurstracks auf die Erbsen und nicht auf den Fenchel. Dumm gelaufen für den, der sich schon auf Erbsen gefreut hatte. Finde ich einen riesigen Vorteil.

Bei mir kommt Fenchel oft zu weißen Fleisch- oder auch zu Fischgerichten auf den Teller, unfassbar gut schmeckt er zum Beispiel zu Kaninchen. Doch wie nimmt man den „Hatern" den Wind aus den Segeln? So: Geschmort verliert er einen Teil seiner starken Anisnote, besonders geil schmeckt er mit brauner Butter oder Zitronenabrieb obendrüber. Aber auch roh kann man ihn gut ausbalancieren, zum Beispiel mit frisch gehobeltem Kohlrabi oder Erbsen. Wenn die Schnecken Letztere, was unwahrscheinlich ist, übrig gelassen haben.

Das Gras unter der Pappe stirbt dann mit der Zeit ab, verrottet, und die Regenwürmer futtern die Pappe auf und helfen bei der Bodenvorbereitung. Im Frühjahr musst du dann die Erde umgraben, und am besten fasst du den Rand des Beetes mit Steinen, Brettern oder langen Ästen ein – fertig ist das neue Beet!

KARTOFFELN VORKEIMEN

Zum Vorkeimen legt man die Kartoffeln mit den Keimen/Augen nach oben bei 5–7 °C und niedriger Luftfeuchtigkeit an einem dunklen Ort aus. Zur Pflanzzeit sind die Triebe dann etwa 10 cm lang, kräftig und grün. Vor dem Auspflanzen sollten aber bis auf drei Haupttriebe alle ausgebrochen werden.

Vollfrühling: Die Apfelbäume blühen (Mitte April bis Ende Mai)
Im Vollfrühling kann fast alles ins Beet – Tomaten, Gurken, wer mag, Zucchini, Kürbis, Paprika, viele Salatsorten, auch Rucola … Ab Mitte April pflanze ich den vorgezogenen Mangold ins Beet. Und ich säe Rote Bete ins Freiland. Bis ich die meisten meiner vorgezogenen Pflänzchen ins Freiland setze, warte ich sicherheitshalber noch die Eisheiligen ab (die sind Mitte Mai), weil bis dahin noch mit Nachtfrost gerechnet werden muss. Auch neue Brombeerstecklinge pflanze ich in dieser Zeit ein.

Kräuter aussäen oder einpflanzen: Das mache ich Mitte Mai, denn da sind in der Regel genug Sonnenlicht und Wärme vorhanden, damit sie bestmöglich wachsen. Und wenn man die Eisheiligen abwartet, droht auch kein schädlicher Frost mehr. Ich erfreue mich zudem immer wieder daran, dass meine großen Rosmarinsträucher und Salbeibüsche wegen ihres Alters so üppig und kräftig sind, dass sie auch nach einem wirklich kalten Winter top in Form sind.

Aussaat Wintergemüse: Meine Erfahrung mit Wintergemüse ist noch nicht ganz so groß, das liegt an den verrückten letzten Jahren. Mein Plan ist aber, dass ich wenigstens einmal Grünkohl und Rosenkohl selber ernten möchte. Ich stelle mir vor, dass es total fetzt, eigenen Grünkohl zu haben. Dann lädst du an einem frostigen Abend ein paar Freunde ein, machst ein Lagerfeuer und setzt darauf ein paar Knacker und Grünkohl an. Tolle Vorstellung. Das will ich machen.

Himbeersträucher: Ich schneide alle überzähligen Bodentriebe direkt an der Oberfläche ab.

Ernte: Ab Ende April, Anfang Mai (bis Ende Juli) halte ich Ausschau nach den ersten reifen Erdbeeren. Ob schon welche zu finden sind, hängt sehr von der Sorte und natürlich von den Witterungsverhältnissen ab. Auf jeden Fall ernte ich Rhabarber (April bis Mai) und Radieschen (bis Juli).

Frühsommer, wenn Holunder und Pfingstrosen blühen (Ende Mai bis Ende Juni)
Ins Beet kommen Sommerradieschen (sie sind schon nach etwa 5 Wochen erntereif) und Sommersalate (sie kann man nach 8 bis 10 Wochen ernten)

Ernte: Ab jetzt bis in den Juli ernte ich Sommerhimbeeren und Two-Timer, bis in den September Gurken, Tomaten und Zucchini, bis in den Oktober Mangold, Fenchel, Kartoffeln, Kohlrabi, Möhren und bis in den November Rote Bete. Von Ende Mai bis Anfang Juli blüht der Holunder, das heißt, wenn es trocken ist, der Blütenstaub gut zu sehen ist (er sollte nicht durch Regen ausgeschwemmt worden sein), ernte ich Unmengen duftende Holunderblüten für einen aromatischen Holundersirup.

Hochsommer: Juhu, die ersten Johannisbeeren sind reif! (Ende Juni bis Ende Juli)
Ins Beet setze ich meine vorgezogenen Erdbeerpflänzchen. Es ist eine gute Zeit für unsere Tauschbörse unter Nachbarn, Kollegen und Freunden. Wer hat gerade was Vorgezogenes da und möchte es tauschen? Diese zwischenmenschliche Komponente ist beim Gärtnern einfach wunderbar.

Verblühtes entferne ich in dieser Zeit regelmäßig, ich jäte viel Unkraut und dünge auch mal nach.

Sommerhimbeeren und Two-Timer (nach der Ernte): Wenn ich sie nicht zurückschneiden würde (siehe S. 74), hätten sie in ein, zwei Jahren das gesamte Grundstück der „Bachstelze“ übernommen. So viele Gerichte mit Himbeeren könnte ich gar nicht zubereiten, dass ich dann noch mit dem Verbrauchen hinterherkäme (geschweige denn mit der Ernte).

Ernte: meine geliebten Roten Johannisbeeren (die Schwarze Johannisbeere erst ab Mitte Juli, alle bis Ende August), Auberginen (bis Oktober), Paprika (bis Oktober); Chilis (Haupterntezeit ist Juli bis Oktober), Knoblauch (ab Mitte Juli) und Kräuter. Ich pflücke auch eine Menge grüner, knackiger Holunderbeeren, um sie einzulegen (wie das geht und was ich dann damit mache, verrate ich auf S. 45).

KARTOFFELN

SIE SIND DER DEUTSCHEN LIEBSTES GEMÜSE – SO VIELFÄLTIG IN DER ZUBEREITUNG UND SO EINFACH ANZUBAUEN.

Familie: Nachtschattengewächse

Alter: eigentlich mehrjährig, werden aber im ersten Jahr geerntet

Aussaat: Frühkartoffeln ab Januar, spätestens Ende Februar vorkeimen; mittlere und späte Sorten direkt ins Beet

Pflanzzeit: frühe, vorgekeimte Kartoffeln ab Mitte März; mittlere ab Anfang April (Bodentemperatur mind. 7 °C); späte Ende April/Mitte Mai; in Furchen, Erde als Damm anhäufeln

Pflanzabstand: 30 cm, Reihenabstand 60 cm, Pflanztiefe 10–15 cm

Keimung: Dunkelkeimer

Erntezeit: Frühkartoffeln im Juni, mittelfrühe ab Ende August, späte bis in den Oktober

Boden: jeder Boden, am liebsten sandigen bis mittelschweren

Nährstoffbedarf: Starkzehrer

Standort: jeder

Wasserbedarf: regelmäßig bis zur Keimung; später reicht Regen

Ernte: wenn das Kraut abgestorben ist, mit Grabegabel vorsichtig ausgraben; Frühkartoffeln gleich, nachdem das Kraut verblüht ist

Lagerung: in dunklem Raum, ideal ist ein luftiger Keller bei 4–8 °C; Frühkartoffeln sind nur wenige Tage lagerfähig

gute Nachbarn: Buschbohnen, Kapuzinerkresse, Kohlarten, Kohlrabi, Spinat

schlechte Nachbarn: Erbsen, Kürbis, Sellerie

GEMÜSEFENCHEL

FENCHEL SCHMECKT ROH, GEKOCHT ODER GEBRATEN, VERLEIHT GERICHTEN EINEN AUSSERGEWÖHNLICHEN GESCHMACK UND IST ZUDEM NOCH GESUND.

Familie: Doldenblütler

Alter: eigentlich mehrjährig, wird aber im ersten Jahr geerntet

Aussaat: Frühjahrssorten Anfang Februar auf der Fensterbank, Saattiefe 2 cm

Pflanzzeit: Frühjahrsfenchel ab Mitte März/April ins Beet (mit Vlies), ab Mai ohne Schutz; Herbstfenchel im Juni/Juli direkt ins Beet

Pflanzabstand: 25–30 cm, Reihenabstand 40 cm

Keimung: Dunkelkeimer

Erntezeit: in der Regel Oktober/November

verwendetete Teile: Knolle, Blätter, Samen

Boden: nährstoffreich, durchlässig, tiefgründig

Nährstoffbedarf: Mittelzehrer

Standort: sonnig, warm

Wasserbedarf: regelmäßig gießen

Ernte: bevor die Knollen Blüten bilden; Knollen knapp über dem Boden abschneiden; aus den Wurzeln wachsen neue Triebe; leichter Frost schadet nicht

Lagerung: ohne Grün in einem feuchten Tuch im Kühlschrank 1–2 Wochen, im kühlen Keller 2–3 Monate

gute Nachbarn: Artischocken, Basilikum, Erbsen, Gurken, Kopfsalat, Petersilie, Salbei, Sellerie, Spinat

schlechte Nachbarn: Bohnen, Gartenkresse, Kohlrabi, Koriander, Kümmel, Majoran, Pastinaken, Tomaten

der Knoblauch

OMAS KNOLLE

KNOBLAUCH IST AUS MEINER, JA AUS FAST KEINER KÜCHE WEGZUDENKEN. MIT ALL DEN DAZUGEHÖRIGEN KONSEQUENZEN. WENN ICH MORGENS AUF EINEN MITMENSCHEN MIT KNOBLAUCHDUFT TREFFE, FREUE ICH MICH, DASS SIE ODER ER AM ABEND ZUVOR GUT GEGESSEN HAT.

Knoblauch bringt ein so besonderes Aroma ins Essen, wie kaum eine andere Pflanzenart es hat. Er findet sich in der italienischen Küche in einer kräftigen Pasta all'arrabbiata genauso wie in asiatischen Wok-Gerichten. Was jedoch die wenigsten wissen: Ein Großteil des bei uns angebotenen Knoblauchs kommt aus China, die Zahlen der Handelsorganisationen sprechen von rund 80 Prozent des Weltertrags. Prinzipiell ist nichts dagegen einzuwenden, für mich aber Anreiz genug, die großartige Knolle unbedingt selbst anzubauen. Die Ökobilanz von Knoblauch, der mehrere Tausend Kilometer in unsere Küche zurückgelegt hat, ist wirklich mies. Da lobe ich mir die paar Meter bis in meinen Garten oder die paar Kilometer bis zu den Feldern meiner Oma.

Knoblauch ist nicht so leicht zu ziehen, deshalb bin ich meiner Oma dankbar, dass sie ihr Wissen und ihre jahrzehntelangen Erfahrungen an mich weitergegeben hat. Ein wichtiger Rat von ihr: Sobald die Pflanzen Blütenknospen ansetzen, diese sofort abschneiden, damit sie alle Kraft in die Knolle stecken können.

Omas Feld scheint für den Knoblauchanbau perfekt zu sein – den Jahresbedarf an Knoblauch für mich und mein Restaurant kann ich mit Omas Hilfe nahezu vollständig decken. Manchmal riecht man bei ihr in frühen Erntestunden, dass der aromatische Knoblauch am Vorabend den Weg auf ihren Teller gefunden hat. Vielleicht auch ein Grund, warum meine Oma noch so fit ist.

Die Erdbeerernte geht zu Ende (außer bei den Wald-, Monats- und immertragenden Erdbeersorten, die tragen bis in den Oktober hinein). Ich lichte die Beete nach der Ernte aus, versorge sie mit Kompost und Hornspänen und pflanze, wenn ich dazu komme, Ableger in neue Beete.

Spätsommer: Das Heidekraut blüht, und die ersten Frühäpfel sind reif (August)
Ins Beet werden erneut Radieschen gesät, auch Feldsalat für eine weitere Ernte (sogar bis in den September hinein).

Brennnesseljauche: Stark zehrende Gemüsepflanzen, wie Tomaten, bekommen damit einen Nährstoffschub.

Johannisbeersträucher schneiden: natürlich nach der Ernte (siehe S. 74)

Ernte: Kürbis (bis Oktober), Herbsthimbeeren und Two-Timer (bis Oktober), Brombeeren (bis September), Frühlingsknoblauch

Frühherbst: Holunderbeeren und Pflaumen sind reif (Anfang bis Mitte September)
Ins Beet werden erneut Radieschen, Spätsalat, Feldsalat und Rucola gesät.

Herbsthimbeeren und Two-Timer schneiden: Die abgeernteten Himbeerruten schneide ich fast bis zum Boden zurück (siehe S. 74).

Rote Johannisbeersträucher schneiden: Jetzt ist Zeit für einen Pflegeschnitt, damit die Sträucher in Form bleiben.

Nützlingsquartiere einrichten: Weil ich meine emsigen Gartenbewohner so schätze, richte ich ihnen Quartiere für den Winter her, das sind zum Beispiel aufgeschichtete Stein-, Holz- oder Laubhaufen. Mein Garten ist im Grunde eine große Kommune von Getier und mir. Dort gibt es auch alten Baumbestand und Ecken, die ich nicht bewirtschafte. Da gucke ich im Herbst mal, dass das Laub wegkommt, und das war's dann. Es gibt Stellen, wo ich viele Büsche stehen lasse, sodass es genug Zufluchtsorte für Tiere gibt.

Auch in meiner Benjeshecke (die ich zwar schon lang habe, von der ich aber nur dank meiner Lektorin weiß, dass sie so heißt), verkriechen sich Igel und Co. sehr gerne (siehe dazu S. 72).

Vollherbst: Kastanien, Eicheln und Walnüsse sind reif (Mitte September bis Mitte Oktober)
Ins Beet kommen Winterknoblauch (noch bis Anfang November) und Rhabarber (seine ideale Pflanzzeit ist Oktober).

Beerensträucher pflanzen: Wenn ich noch mehr Johannisbeeren, Brombeeren und Himbeeren haben will, pflanze ich jetzt meine Wurzelstecklinge ein. Wie ich die ziehe, zeige ich auf S. 33. Erntezeit ist dann im darauffolgenden Jahr im Herbst.

Frühbeet: Noch bis Ende Oktober wird hier Feldsalat gesät, dann kann man schon zeitig im kommenden Frühjahr frisches Grün ernten.

Folienschutz: Es gibt verschiedene Möglichkeiten für schönen Salat im Herbst. Die umständliche ist, frostempfindliche Salate zu pflanzen, denn sie brauchen Schutz durch Gartenvlies. Lieber sind mir robuste Salatsorten. Endiviensalat ist mein Favorit, er verträgt sogar leichte Spätfröste. Auch Rucola geht bei kühleren Temperaturen noch gut.

Kompost ausbringen: Ich bringe Kompost oder Pferdemist auf die Beete aus, die im Frühjahr als Erstes bestellt werden.

Wildblumenwiese anlegen: Sät man jetzt eine Wildblumenwiese an, kann es im nächsten März, wenn die ersten Insekten auf Nahrungssuche gehen, sofort losgehen mit dem Blühen – und es ist gleich etwas zu futtern da (siehe S. 68). Im zweiten Jahr sät sie sich dann schon selber aus. Ganz ohne Pflege geht es aber nicht. Du musst schon darauf achten, dass das Unkraut die Blumen nicht verdrängt. Man entwickelt ein Auge dafür, wenn eine Sorte versucht, die Übermacht über die Blumenwiese anzustreben. Wenn du verblühte Blüten immer mal abknibbelst, blühen viele Pflanzen auch ein zweites Mal im Jahr.

RHABARBER VERMEHREN

Rhabarber über Aussaat zu vermehren, dauert viele Jahre. Ich hätte es gern mal probiert, aber obwohl ich mich dem Rhythmus der Natur an sich bereitwillig füge, hat mich der Zeitfaktor doch abgeschreckt. Rhabarber kann man viel einfacher vermehren, indem man einen Wurzelstock teilt. Natürlich braucht man dazu jemanden, der bereits eine Rhabarberpflanze besitzt. Wenn sich im Herbst die Rhabarberblätter gelblich färben, schneidet man die Blattstiele dicht über dem Boden ab und legt des Wurzelstock frei. Dann sticht man mit dem Spaten einfach ein Stück davon ab. Dieses Teilstück sollte aber mindestens zwei bis drei Blattansätze (Triebspitzen) haben. Die Tochterpflanze kommt dann an einem neuen Standort in gelockerte und mit Kompost gedüngte Erde und wird reichlich gegossen. Auch im nächsten Jahr wird die Pflanze gut mit Wasser und Dünger versorgt. Geerntet wird erst im übernächsten Frühling, denn bei zu früher Ernte besteht die Gefahr, dass die Pflanze gleich wieder eingeht.

EXKURS: EIN HOCHBEET ANLEGEN

Ein Hochbeet besitzt eine eigene Heizung, denn bei den Verrottungsprozessen der unteren Schichten wird Wärme freigesetzt. Deshalb können Jungpflanzen schon früher ins Hochbeet gepflanzt werden als ins normale Beet – und man kann früher ernten.
Bei mir kommen ins Hochbeet Salat, Tomaten und Erdbeeren. Das sind alles Starkzehrer, doch weil das Hochbeet besonders im ersten Jahr mit immens vielen Nährstoffen ausgerüstet ist, gedeihen sie gut. Mediterrane Kräuter, die Schwachzehrer sind, sollten erst ein paar Jahre später einziehen. Denn auch im Hochbeet gilt die Regel der Mischkultur und Fruchtfolge (siehe S. 19).
Die beste Zeit, um ein Hochbeet anzulegen, ist der Herbst. Denn da hat man genug Füllmaterial für den nötigen Schichtaufbau. Er beginnt mit einer Lage mineralischem Drainagematerial wie Feldsteinen oder Bauschutt. Das muss nicht sein, ist aber sinnvoll, damit keine Staunässe entsteht. Darüber kommt dann grobes Material wie Äste, Zweige und Wurzelstöcke. Darüber wird es etwas feiner mit zum Beispiel etwas Rasenschnitt (nicht zu viel!) und Laub. Diese Schichten werden immer wieder festgetreten, damit sie gut verdichtet sind und die Erde später nicht so sehr absinkt. Obendrauf kommt dann feinkrümelige, nährstoff- und humusreiche Erde. Ich nehme dazu meinen reifen Kompost oder selbst gemachte Pflanzerde (siehe S. 13). Das Hochbeet wird bis etwa 10 cm unter den Rand befüllt. Über den Winter setzt sich die Füllung, und schon ist das Hochbeet für die Jungpflanzen im Frühjahr bereit. Mein Hochbeet ist unten übrigens mit Kaninchendraht ausgelegt, um Wühlmäuse fernzuhalten.
Nach einem Jahr sackt die Erde bis zu 20 cm ab. Das Beet wird dann einfach mit Pflanzerde aufgefüllt. Nach fünf bis sieben Jahren sollte es wieder komplett neu befüllt werden. Man kann das Hochbeet aber auch nur mit Erde befüllen und jedes Jahr damit ergänzen.
Ich decke mein Hochbeet im frühen Frühjahr mit Glasscheiben (Plexiglas, Folie oder Vlies sind auch geeignet) ab und zaubere mir so ein Frühbeet, in dem die Pflänzchen vor spätem Frost geschützt sind. Wenn die Pflanzen darin größer werden, setze ich sie ins Beet um und nutze das ehemalige Frühbeet weiter als Hochbeet. Wichtig ist, dass die Pflanzen ausreichend Wasser bekommen, denn Hochbeete trocknen schneller aus. Aber bitte erst prüfen, wie feucht oder trocken der Boden ist.

KNOBLAUCH

KNOBLAUCH IST AUS DER KÜCHE NICHT WEGZUDENKEN – KLAR, DASS MAN IHN DESHALB AUCH GERN SELBST ANBAUEN MÖCHTE.

Familie: Amaryllisgewächs

Alter: eigentlich mehrjährig, wird aber im ersten Jahr geerntet

Aussaat: nicht winterharten Frühlingsknoblauch im Februar auf der Fensterbank vorziehen

Pflanzzeit: winterharten Frühlingsknoblauch ab Mitte Februar bis Mitte April; Winterknoblauch von September bis Anfang November

Pflanzabstand: 15 cm, Reihenabstand 20–25 cm, Pflanztiefe ca. 3 cm

Keimung: Dunkelkeimer

Erntezeit: Frühjahrsknoblauch Mitte Juli/August, Winterknoblauch ab Juli (des kommenden Jahres)

Boden: durchlässig, warm, fruchtbar, aber nicht zu nährstoffreich

Nährstoffbedarf: Starkzehrer

Standort: sonnig, windgeschützt

Wasserbedarf: mittel

Ernte: wenn das Laub gelb und verwelkt ist; Knollen herausziehen und einige Tage an dunklem, trockenem, luftigem Ort nachreifen lassen

Lagerung: trocken, kühl und dunkel; niemals feucht lagern, deshalb nicht in den Kühlschrank geben

gute Nachbarn: Erdbeeren, Gurken, Möhren, Rote Bete, Tomaten

schlechte Nachbarn: Bohnen, Erbsen, Kohl

PAPRIKA

SIE MACHEN DAS LEBEN UND DIE TELLER BUNT, WEIL ES SIE IN SO VIELEN FARBEN GIBT, UND SIE SICH SCHÖN LEICHT ANBAUEN LASSEN.

Familie: Nachtschattengewächse

Alter: einjährig

Aussaat: im Februar auf der Fensterbank; Saattiefe 1 cm

Pflanzzeit: ab Mitte Mai ins Beet bzw. in Töpfen nach draußen

Pflanzabstand: 50 cm; Reihenabstand ca. 80 cm; in 10-l-Topf max. zwei Pflanzen

Keimung: Dunkelkeimer

Erntezeit: August bis Oktober (je nach Sorte)

Boden: locker und humusreich (mit Kompost)

Nährstoffbedarf: Mittelzehrer

Standort: sonnig, warm, windgeschützt, am besten an einer Hauswand

Wasserbedarf: nach der Aussaat zweimal wöchentlich mit Regenwasser oder kalkfreiem Wasser besprühen; Jungpflanzen regelmäßig gießen mit abgestandenem Wasser (idealerweise Regenwasser); erwachsene Pflanzen zwei- bis viermal pro Woche gießen; die Wurzeln dürfen nicht zu nass sein

Ernte: nur vollreife Früchte; möglichst morgens; am Stiel abschneiden

Lagerung: kühl, bei niedriger Luftfeuchtigkeit (nicht im Kühlschrank)

gute Nachbarn: Basilikum, Dill, Gurken, Kapuzinerkresse, Kohl, Kohlrabi, Möhren, Petersilie, Salat, Tomaten

schlechte Nachbarn: Auberginen, Erbsen, Fenchel, Rote Bete

Spätherbst: Das Laub wird bunt und fällt ab (Mitte Oktober bis Anfang Dezember)
Die letzten Arbeiten des Gartenjahrs liegen an. Ich bereite die Beete für den Winter vor, indem ich den Boden noch mal auflockere (schweren Boden grabe ich sogar um) und ihn zum Schutz vor Austrocknung mulche. Auch meine Gartengeräte mache ich winterfest, sie werden gründlich gereinigt und trocken eingelagert. Die Regentonnen leere ich aus.

Winterquartier: Ich habe nicht viele Pflanzen, die ins Winterquartier müssen, weil es mir zu mühsam ist, die schweren Töpfe durch die Gegend zu schleppen. Einige wenige Pflanzen überwintern aber in meiner unbeheizten Gartenlaube, die zum Großteil aus Glas besteht. Alle paar Wochen gieße ich sie ein wenig. Der letzte Winter war allerdings so hart, dass viele Pflanzen in meiner Hütte erfroren sind.

SCHÜTZENDE MULCHSCHICHT

Mulch schützt den Boden vor dem Austrocknen, und Unkraut hat es schwer, darunter durchzukommen. Außerdem wärmt Mulch und beschleunigt so das Wachstum der Pflanzen. Gerade bei Gemüsepflanzen ist das für einen größeren Ertrag super.
Mulch ist organisches Material, und davon habe ich genug in meinem Garten: zum Beispiel Rasenschnitt, Heckenschnitt, Laub, aber auch geschredderte Holzreste oder Stroh (das habe ich natürlich nicht im Garten). Die letzten beiden mögen vor allem meine Beerensträucher sehr, weil sie lang anhaltend schön wärmen. Natürlich ist auch mein Superkompost perfektes Mulchmaterial, zusätzlich düngt er noch. Auch zerkleinerte Kräuter eignen sich gut als Mulch, sie vertreiben zusätzlich Schnecken.

Winter: Das Eichenlaub fällt (Dezember bis Februar)
Der Garten und die Gärtnerin ruhen sich aus. Vielleicht schaue ich mal in meinen Pflanzplan, den ich im Sommer oder Herbst angelegt habe, ob ich noch mit allem so einverstanden bin oder hier und da etwas korrigieren möchte. Es ist auch eine gute Zeit, um das Gartenjahr gedanklich noch mal durchzugehen.

RHABARBER

ER WIRD WIE OBST VERARBEITET, ABER EIGENTLICH IST ER EIN GEMÜSE. RHABARBER GEHÖRT ZU DEN BELIEBTESTEN PFLANZEN IM GARTEN, WEIL ER SO UNKOMPLIZIERT IST.

Familie: Knöterichgewächse

Alter: zweijährig

Vermehrung: durch Teilen der Wurzelstöcke

Pflanzzeit: im Herbst (und Frühjahr); nach 7–8 Jahren Wurzelstöcke teilen, verpflanzen und mit einer Handbreit Erde bedecken

Pflanzabstand: 1,5 m, Reihenabstand 1,5 m

Erntezeit: Mai bis Ende Juni (an Johanni, dem 24. Juni, ist die Rhabarberernte traditionell beendet); erste Ernste im zweiten Jahr nach Pflanzung bis Ende Mai; ab dem dritten Jahr bis Ende Juni

verwendetet Teile: Stiele, Blätter (für Jauche und Brühe)

Boden: alle Böden, außer schwerer, kalter, nasser Boden

Nährstoffbedarf: Starkzehrer

Standort: sonnig bis halbschattig

Wasserbedarf: groß, weil über die großen Blätter viel Wasser verdunstet; bei Trockenheit gießen

Ernte: Stiele herausdrehen, nicht abschneiden (an den Schnittstellen können Krankheiten entstehen)

Lagerung: 3 Tage im Gemüsefach des Kühlschranks in einem feuchten Tuch

gute Nachbarn: Blumenkohl, Brokkoli, Buschbohnen, Feldsalat, Knoblauch, Mangold, Rote Bete, Salat, Spinat, Zwiebeln

»Schnittlauchblüten sind auf der Wiese und dem Teller ein echter Hingucker. Sie schmecken durch den enthaltenen Nektar sogar süßlich.«

SO KLAPPT'S MIT ANBAU UND ERNTE

IHR WISST, ICH MAG ES NICHT GERN KOMPLIZIERT. ABER EINE GUTE, ERTRAGREICHE UND WOHLSCHMECKENDE ERNTE WÜNSCHE ICH MIR NATÜRLICH AUCH. DAMIT ANBAU UND ERNTE GUT KLAPPEN, KONZENTRIERE ICH MICH AUF EIN PAAR WICHTIGE GRUNDLAGEN.

Kräuter erntet man am besten an einem trockenen, leicht bedeckten Tag, kurz bevor die Sonne am höchsten steht – hört sich nach Kräuterhexe an? Stimmt aber. Bei Anbau und Ernte ist so einiges zu beachten, was ich auch erst lernen musste.

Richtig ernten und lagern

Wann und wie welche Gemüse-, Kräuter- und Obstsorten geerntet und wie sie am besten gelagert werden, ist sehr individuell. Ein paar Regeln und persönliche Tipps möchte ich aber als Anhaltspunkte auflisten, die im besonderen Fall evtl. wieder etwas abweichen, aber doch alles in allem allgemein gelten.

~ Ich ernte meist nur vormittags, weil da alles noch schön frisch und voller Kraft ist.

~ Gemüse, das du frisch verarbeiten oder gleich essen willst, erntest du am selben Vormittag.

~ Beim Ernten sollte es möglichst trocken sein, da feuchtes Gemüse schneller fault. Und regenbegossene Gärtnerinnen auch schlechter genießbar sind.

~ Ich ernte ganz vorsichtig, denn verletztes Gemüse oder Obst ist der perfekte Ort für Bakterien und Pilze. Gemüse oder Obst mit Druckstellen, Rissen oder fauligen Stellen bitte gleich aussortieren, die Fäulnis springt beim Lagern auf die Nachbarn über.

~ Zum Abschneiden verwende ich ein scharfes Gartenmesser oder eine scharfe Gartenschere. Damit beschädige ich keine anderen Pflanzenteile oder reiße gar aus Versehen die ganze Pflanze heraus.

~ Salate kann man mit den Wurzeln aus der Erde ziehen, ebenso alle Gemüse, die unterirdisch wachsen, wie Möhren oder Rote Bete. Wenn diese sich zu fest verankert haben, lockere ich die Erde drumherum vorsichtig mit einer Grabegabel auf.

~ Mit etwas Fingerspitzengefühl kannst du einige Gemüse auch mit der Hand ernten, etwa Zucchini,

die drehst du einfach vorsichtig ab. Wenn du dabei doch mal die Frucht beschädigst, verarbeitest du dieses Exemplar eben gleich im nächsten Gericht.

~ Die Ernte lege ich für den Transport (in die Küche oder zum Lagerort) behutsam in einen Erntekorb, eine offene Kiste oder einen offenen Karton. Hier bekommen Obst und Gemüse ausreichend Luft, und Feuchtigkeit kann abtrocknen.

~ Was nicht sofort in der Küche verarbeitet wird, kommt schnellstmöglich an einen schattigen, kühlen Ort, wie das Gemüsefach des Kühlschranks oder den kühlen Keller.

~ Alle Gemüse-, Obst- und Kräutersorten lassen sich einen bis wenige Tage kühl und trocken aufbewahren. Gerade im Sommer ist aber oft so viel Ernte vorhanden, dass selbst ich mit meiner „Bachstelze" mit dem Verarbeiten manchmal nicht hinterherkomme. Dann ist es eine tolle Alternative, die Sorten, die sich gut halten, einzulagern, andere einzufrieren, einzukochen oder gar zu fermentieren. Man macht damit einfach, wonach einem gerade der Sinn steht.

~ Gute Lagergemüse sind Möhren, Kartoffeln, Zwiebeln und Knoblauch. In der Regel lagert man sie dunkel, kühl und natürlich trocken.

~ Obst und Gemüse bitte nie zusammen lagern. Manche Sorten stoßen das Reifegas Ethylen aus und bringen andere Sorte so schneller zum Verderben.

~ Bei der Beerenernte muss man besonders umsichtig sein. Am besten pflückst du Beeren an einem sonnigen Vormittag, wenn Früchte und Sträucher trocken sind. Nasse Beeren faulen nämlich sehr schnell. Weil Beeren sehr druckempfindlich sind, sollte man sie behutsam pflücken. Bei Johannisbeeren schneide ich lieber die ganzen Rispen ab, bevor ich aus Versehen die zarten Beeren zerdrücke. Die Beeren werden vorsichtig in einen Korb gelegt, möglichst nebeneinander. Es sollten nie zu viele Beeren übereinandergeschichtet werden, das gibt schnell Druckstellen, die optisch unschön und darüber hinaus auch sehr keimanfällig sind.

~ Es hört sich vielleicht ein wenig nach Kräuterhexe an, aber tatsächlich ist es am besten, Kräuter an einem trockenen, leicht bedeckten Tag zu ernten, kurz bevor die Sonne am höchsten steht. Dann nämlich ist die Konzentration an ätherischen Ölen in den Blättern am höchsten. Und es gibt keine Feuchtigkeit, die diese Konzentration verdünnt. Aber ehrlich gesagt habe ich noch keinen wirklich relevanten Geschmacksunterschied zwischen einer Kräuterernte um 11:30 Uhr oder um 19:45 Uhr bemerkt.

~ Küchenkräuter wie Petersilie oder Schnittlauch sollte man immer in Bodennähe abschneiden und dabei von außen nach innen ernten. Auch hier ist der späte Vormittag der beste Zeitpunkt. Ich ernte meine Kräuter laufend, weil sie so immer neue frische, zarte Blätter oder Halme sprießen lassen. Wenn sie erst Blüten bilden, verlieren sie stark an Aroma.

~ Bei Kräutern solltest du nur die jungen Triebe ernten, und zwar am besten in einer Länge von etwa 10 cm. Außer bei Schnittlauch, da können alle Triebe 2–3 cm über dem Boden abgeschnitten werden, egal ob jung oder älter (hier ist, wie schon erwähnt, wichtiger, dass die Pflanze insgesamt in ihrem ersten Jahr noch nicht so stark beschnitten wird). Wenn die Pflanzen schon größer sind, ernte ich immer nur den oberen, zarten Teil und schneide den Rest zurück.

~ Kräuter solltest du nie mit deiner Gatenschere ernten, da sie die Stängel der empfindlichen Kräuter zerquetscht. Am besten verwendest du für die Ernte ein scharfes Küchenmesser.

~ Frisch geerntete Kräuter lasse ich eine halbe Stunde an einem halbschattigen Ort liegen, dann haben Insekten, die sich darin versteckt haben, die Chance, sich zu verdünnisieren. Wenn ich die Kräuter gleich brauche, schüttele ich sie aus.

~ Mediterrane Kräuter lassen sich wunderbar trocknen und so eine ganze Weile lagern. Dazu binde ich die Stiele büschelweise zu Kräutersträußchen zusammen. Diese hänge ich kopfüber in einem vorzugsweise staubfreien, gut durchlüfteten Raum bei 20 bis 30 °C auf. Die Kräuter sollten möglichst schnell, in ein bis zwei Tagen, trocknen, damit die Blätter nicht schimmeln. Wenn die Blätter der Kräuter brüchig sind, streife ich sie von den Stängeln und gebe sie in dunkle, luftdichte Behälter, damit sie ihr Aroma möglichst lang bewahren.

Insektenfreundliche Umgebung

Wie schon gesagt: Eine wilde Wiese ist mir tausendmal lieber als ein englischer Rasen. Denn eine bunte Wildblumenwiese bietet den Insekten Nahrung und Wohnraum – Umweltschutz im Kleinen. Und ganz uneigennützig ist es ja auch nicht, denn schließlich brauche ich Hummeln, Bienen und Co. zum Bestäu-

ben meiner Gemüse- und Obstpflanzen, damit sie später Früchte tragen. In meinem Garten gibt es deshalb auch eine Ecke mit Totholz, das den Nützlingen Unterschlupf bietet.

Bienenhotel selbst machen

Baumstämme aus Hartholz (zum Beispiel Eiche, Buche oder Esche; bitte kein Nadelholz, das harzt mitunter noch nach und führt zu Schäden an den Insekten) können ganz leicht zu Wildbienenhotels umfunktioniert werden, indem man Löcher hineinbohrt. In diese Löcher können Insekten ihre Eier ablegen. Es darf allerdings kein frisches Holz sein, das kann zu Schimmel in den Nistkammern führen. Die Löcher müssen unbedingt ins Längsholz gebohrt werden, nicht in die Jahresringe, sonst bekommen sie mit der Zeit Risse. Bohrungen unterschiedlicher Größe sind gut, damit die Insekten eine Auswahl haben. Die Löcher sollten aber weder zu klein noch zu groß ausfallen, am besten 2,5 bis 10 mm Durchmesser.

LAVENDEL

LAVENDEL SIEHT SCHÖN AUS UND VERSTRÖMT EINEN WUNDERBAREN DUFT. VIELE WISSEN NICHT, DASS MAN SOWOHL DIE BLÜTEN ALS AUCH DIE BLÄTTER UND TRIEBE ESSEN KANN.

Familie: Lippenblütler (es gibt ca. 25 Sorten)

Alter: mehrjährig

Aussaat: Februar/März auf der Fensterbank; nur leicht mit Erde bedecken, feucht halten

Pflanzzeit: ganzjährig, idealerweise im Frühjahr nach den Eisheiligen

Pflanzabstand: 50–70 cm, Reihenabstand 30 cm

Keimung: Lichtkeimer

Blütezeit: Juni bis August

Erntezeit: im Frühjahr, wenn 40–50 % der Pflanze blüht

verwendete Teile: Blätter und Blüten frisch; Knospen und Samen wie Kapern einlegen

Wuchshöhe: 20–100 cm

Boden: anspruchslos; sandig, kalkhaltig, gern mit Steinen durchsetzt, nicht nass

Nährstoffbedarf: Schwachzehrer

Standort: sonnig, trocken, möglichst windgeschützt (ideal an einer Hauswand)

Wasserbedarf: mäßig; auf Bewässern während der Blühphase verzichten

Ernte: wenn sich die Knospen öffnen wollen, ca. 5 cm über dem holzigen Stiel abschneiden

Lagerung: zu Sträußen binden und kopfüber an einem kühlen, dunklen Ort trocknen lassen; der Duft hält eine Saison lang

gute Nachbarn: Salbei, Thymian

Tiefe Gänge mit 10 cm und mehr sind für die Besiedelung am besten. Außerdem sollte man darauf achten, dass die Löcher sauber gebohrt sind, damit sich die Insekten beim Hineinschlüpfen nicht verletzen. Falls sie sehr ausgefranst sind, einfach drüberschmirgeln.

Dein Bienenhotel solltest du etwas erhöht und regengeschützt aufstellen. Die Einfluglöcher sind idealerweise nach Südosten ausgerichtet. Verlassene Nistkammern muss man übrigens nicht reinigen, das erledigen die Insekten schon selbst.

Wildblumenwiese aussäen

Wenn eine Wildblumenwiese erst einmal blüht, macht sie fast keine Arbeit mehr, die Samen säen sich immer wieder von selbst aus. Aber bis es so weit ist, ist etwas Vorarbeit nötig.

Eine neue Blumenwiese lege ich im Herbst an, dann haben die frühen Insekten im März gleich was zu futtern. Als Erstes wird ein sonniger Standort ausgewählt. Die Erde wird gründlich umgegraben und altes Pflanzenmaterial, vor allem Disteln und Quecken, wird entfernt, das würde die zarten Blümchen sonst überwuchern. Die Erde sollte nach der Vorbereitung schön feinkrümelig sein, damit die Samen darin gut wurzeln können. Aussäen kann man bis Ende Oktober. Am besten macht man das bei Nieselwetter, denn Wildblumensamen brauchen mindestens drei Wochen durchgehend Feuchtigkeit, um zu keimen. Falls nicht genug Wasser von oben kommt, wässere ich die neue Wiese alle zwei bis drei Tage.

Ich säe die Blumensamen mit der Hand aus, und zwar einmal längs und einmal quer über die gesamte Fläche. Wenn die Samen liegen, trippele ich mit Ameisenschritten ganz vorsichtig mit den Füßen die Samen in den Boden. Manchmal mache ich das sogar liebevoll mit der flachen Hand. So wie ich es auch bei einem dünnen Mürbeteig in der Küche tun würde. Zu irgendwas ist meine Küchenkunst halt immer gut. Profis würden eine Gartenwalze benutzen, ich bin aber kein Profi, und ich habe auch keine Walze. Aber ich wüsste, bei welchem lieben Nachbarn ich mir mal eine leihen könnte, wenn mich die Gartenwalzensehnsucht eines Tages überkommt.

BORRETSCH

EIN FAST VERGESSENER KRÄUTERSCHATZ: ER SCHMECKT NACH GURKE UND WIRD DESHALB AUCH OFT GURKENKRAUT GENANNT.

Familie: Raublattgewächse

Alter: einjährig

Aussaat: direkt ins Beet von April bis Juni

Pflanzabstand: ca. 40 cm, Reihenabstand 30–50 cm, Saattiefe 1–3 cm

Keimung: Dunkelkeimer

Blütezeit: Mai bis September

Erntezeit: von Mai bis zum ersten Frost

verwendete Teile: junge Blätter und Blüten

Wuchshöhe: bis 70 cm

Boden: feucht, locker, kalkhaltig

Nährstoffbedarf: Schwachzehrer

Standort: sonnig, windgeschützt

Wasserbedarf: leicht erhöht, reagiert empfindlich auf lange Trockenheitsphasen

Ernte: Blätter und/oder Blüten bis August schneiden oder pflücken; wächst nach Schnitt schnell nach und verzweigt sich

Lagerung: frisch verwenden (beim Trocknen verfliegt das Aroma); man kann ihn auch in Öl einlegen (eine zu hohe Dosis Borretsch ist schädlich!)

gute Nachbarn: Erdbeeren, Gurken, Zucchini

schlechte Nachbarn: Petersilie, Schnittlauch

Auf die richtige Samenmischung kommt es allerdings auch an: Sie sollte verschiedene Pflanzenarten beinhalten: Kreuzblütler, Korbblütler, Lippenblütler, Doldenblütler und Schmetterlingsblütler. Nachdem

ich beobachtet habe, dass sich bestimmte Sorten gar nicht gut miteinander vertragen, bin ich zu folgender perfekten Mischung gekommen: Ringelblumen in allen Varianten, Kornblumen, eine Bienenweide-Mischung (das sind zum Beispiel Anemonen, Vergissmeinnicht, Ziermohn, eben lauter Blumen, die Bienen sehr gern mögen, daher ja auch der Name) und Schmuckkörbchen. Diese Blumen mögen sich alle, nur wollen die Kornblumen gern Chef sein und säen sich überproportional aus. Lavendel, Kapuzinerkresse, wilde Stiefmütterchen, Veilchen, Pimpernellen habe ich an anderen Stellen im Garten gesät. Und weil ich sie so mag, finden sich auch Ringelblumen noch an diversen anderen Plätzen im Garten wieder.

Bei der Auswahl der Blumen ist mir eines noch besonders wichtig: Die Blüten sollten essbar sein. Ich dekoriere mit ihnen die Gerichte in der „Bachstelze". Das sieht sehr hübsch auf den Tellern aus. Zudem sind meine eigenen Blüten garantiert frei von Giftstoffen, weil ich natürlich nicht spritze. Meine Gäste können von ihrem Gartenplatz aus sehen, wo das herkommt, was sie gerade mit Genuss verzehren.

Bei der Fülle an Wachstum ist es eine Herausforderung zu erkennen, was „Unkraut" ist und die Wiese zu überwuchern droht. Da greife ich regelmäßig ein. Ab und an mogeln sich Blumen dazwischen, die nicht essbar oder sogar giftig sind, wie Maiglöckchen oder Fingerhut. Beide sind gut zu erkennen, bei anderen Gewächsen greife ich auch mal zum Pflanzenlexikon.

ORDNUNG IM GARTEN HAT ERFREULICHE FOLGEN

ORDNUNG IST DAS HALBE LEBEN – JAJA. DAS GILT AUCH IM GARTEN. DA IST ES VIELLEICHT SOGAR BESONDERS WICHTIG, WEIL DIE PFLANZEN SONST MACHEN, WAS SIE WOLLEN, UND UNS IM WAHRSTEN SINNE DES WORTES ÜBER DEN KOPF WACHSEN.

Trotz aller von mir geliebter Natürlichkeit und Bequemlichkeit gibt es in meinem Garten eine klare Ordnung. Die ist nur nicht für jeden Besucher und jede Besucherin sofort erkennbar. Ich kultiviere eben einen wilden Garten. Aber ich weiß genau, wo was wächst und wo was nicht hingehört. Auch Gartengeräte und Co. haben ihren festen Platz. Sonst finde ich sie ja nie wieder, wenn die Bohnen erst mal ranken, die Blumenwiese in die Höhe schießt und die Brennnesseln wuchern.

Was für mich zur Ordnung im Garten auf jeden Fall dazugehört, ist ein ausgeklügelter und nicht zu kleiner Komposthaufen. Weil ich so einen großen Garten mit so vielen Gartenabfällen, aber auch so vielen Beeten zum Düngen habe, „füttere" ich sogar zwei große Komposthaufen. Sozusagen ein Zwei-Kammer-System. Die schönen Folgen des ausgiebigen Kompostierens sind, dass man immer guten eigenen Dünger hat und gesunde, nährstoffreiche Pflanzerde herstellen kann. Außerdem fühlen sich Gartenbewohner wie Igel hier wohl und finden Nahrung.

Richtig kompostieren

Damit mein Boden gesund und nährstoffreich bleibt, gebe ich ihm regelmäßig Kompost. Denn die Bewirtschaftung mit Gemüse laugt die Erde stark aus. Damit es immer genügend Nachschub gibt, habe ich zwei Komposthaufen. Zugegeben, das braucht etwas Platz und macht auch Arbeit. Aber es lohnt sich.
Der beste Platz für einen Komposthaufen ist der Halbschatten. In der prallen Sonne trocknet er aus, ganz im Schatten wird er schnell faulig. Frische Luft braucht er auch.

Von früher kenne ich noch die klassischen Komposthaufen mit einer Umrandung aus Holz. Inzwischen gibt es aber professionelle Baukästen zu kaufen. Ich habe zwei Komposthaufen oder Kompostkammern nebeneinander gebaut – besser gesagt: bauen lassen.

Grundlage dafür war das Drei-Kammer-System des Kompostierens, von dem ich gehört hatte.

In die erste Kammer kommen das ganze Jahr über sämtliche Gartenabfälle (keine Essensreste, die locken nur Tiere, vor allem Ungeziefer an und verrotten sehr schlecht, genauso wie zu große Schnittabfälle wie Äste). Eierschalen, Kaffeesatz und Fallobst kommen aber mit auf den Kompost. Das Ganze grabe ich einmal im Jahr gut durch und gieße es ab und zu, das fördert die Verrottung.

Im nächsten Frühjahr, an einem sonnigen Tag, wird diese Mischung in die zweite Kammer umgesetzt, aber nicht höher als 1 oder 2 m. Die Kammer wird mit einem Kompostvlies abgedeckt, das es im Fachhandel zu kaufen gibt. Das hält das Mikroklima im Inneren stabil, sodass Kompostwürmer, Pilze und Mikroorganismen beim Verrotten helfen können.

Im Frühling des dritten Jahres siebe ich den Kompost dann aus der zweiten Kammer mit einem Durchwurfsieb in eine Schubkarre oder einen anderen großen Behälter, aus dem ich den fertigen Feinkompost gut auf die Beete ausbringen kann, wann immer ich ihn brauche. Ich verteile ihn an die 10 cm dick auf den Beeten. Die Erde soll ja richtig was von dem supernährstoffreichen und gesunden Humus abbekommen. Die Königsdisziplin wäre übrigens, den Kompost aus der zweiten Kammer in eine dritte Kammer umzusieben und ihn noch mal ein Jahr „arbeiten" zu lassen. Das, was im Sieb übrig bleibt, kommt wieder ganz unten in die erste Kammer und darf noch eine Runde drehen. Wenn ich den fertigen Kompost nicht auf einmal verbrauche, decke ich ihn mit einer Folie oder einem Deckel ab, damit der Regen die wertvollen Nährstoffe nicht auswäscht.

Übrigens riecht fertige Komposterde angenehm, auf keinen Fall faulig oder sauer. Wenn du unsicher bist, mache zur Sicherheit einen pH-Test, der zeigt dir, ob dein Kompost vielleicht zu sauer ist. Ein pH-Wert von 6 bis 7 ist ideal für den Gemüseanbau. Ist deine Komposterde zu sauer, mische etwas Gartenkalk unter.

Eine Benjeshecke anlegen

Größere Gartenabfälle wie Grünabschnitt oder Äste landen bei mir in einem Naturzaunkonstrukt. Wie schon erwähnt, habe ich während der Beschäftigung mit diesem Buch von meiner tollen Lektorin Nina gelernt, dass es sich dabei um eine Benjeshecke handelt. Wenn man besonders viel groben Gartenabfall hat, was bei mir durchaus vorkommt, ist also mein heißer Tipp: Lege eine Benjeshecke an! Damit hat man den Abfall los, einen Wind- und Sichtschutz sowie einen vielseitigen Lebensraum für Tiere gebaut.

So geht's: Zuerst einmal braucht man ein paar Pfähle, jeweils etwa 1 m hoch (oder sogar 2 m, wenn die Hecke gleichzeitig Sichtschutz sein soll) und 6 bis 8 cm Durchmesser. Wie viele solcher Pfähle du brauchst, hängt davon ab, wie lang deine Hecke werden soll. Sie kann sich auch dein ganzes Gartengrundstück entlangziehen. Mein Naturzaun, also meine Benjeshecke, ist sehr lang. Ich habe gleich zwei davon, sie trennen jeweils die Kompostbereiche ab und sind 4×4 und 5×10 m groß.

Die Pfähle werden in zwei parallel verlaufenden Reihen etwa 60 cm tief in die Erde eingeschlagen. Der Abstand zwischen den Reihen sollte etwa 50 cm betragen, die Pfähle einer Reihe stehen im Abstand von etwa 1 m.

Und dann geht's auch schon ans Befüllen: Als Erstes werden längere Äste und Zweige ganz dicht an den Pfählen aufgeschichtet, damit das kleinere Material, das in die Mitte kommt, nicht gleich nach vorn oder hinten durchrutscht. Überstehende und herausragende Zweige schneide ich ab – als würde ich eine echte Hecke stutzen. Und schwups kommt der Abschnitt oben in die „Hecke" hinein, und zwar in die Mitte. Einmal ordentlich drauf rumtrampeln, wenn man

noch reinkommt, oder aber von oben drücken, um den Inhalt zusammenzupressen – aber bitte nur am Anfang. Wenn die Hecke schon eine Zeit lang im Garten steht, stört man ihre Bewohner – Insekten, Vögel, Igel suchen sich nämlich schon bald ihr Quartier in der Hecke. Mit der Zeit vermodert das Totholz und sackt in sich zusammen. So kann ich jedes Jahr erneut Äste aller Größen und Grünschnitt oben draufpacken. Was für ein guter, eigentlich auch ganz schicker und zudem nützlicher „Abfalleimer"!

Wichtig ist mir: Ich bin keine Wissenschaftlerin der gehobenen Gartenkunde. Vieles, was ich im Garten mache, beruht auf Erfahrungen und Hinweisen meiner Oma oder von Freunden und Landwirten in der Umgebung. Einige Tipps und Tricks habe ich mir auch angelesen. Soll heißen: Wenn du einen Naturzaun hast, bei dem du Laub, Kleinholz und Abschnitte lieber dahinterlegst und -schichtest, dann mach das ruhig, es wir keiner vom örtlichen Gartenbauamt kommen und dir die goldene Ehrennadel für Benjesheckenkunst anstecken.

Beerensträucher richtig schneiden

Für eine reiche Beerenernte reichen Gießen und Düngen allein nicht aus. Die Sträucher müssen auch in Form gebracht werden. Ich bin bestimmt nicht perfekt im Schnitt von Beerensträuchern, aber ein paar Tipps habe ich schon mitzuteilen.

BROMBEEREN

SIE SEHEN EINFACH TOLL AUS – WIE EIN ANSAMMLUNG GLÄNZENDER SCHWARZER PERLEN. DIE AROMATISCHEN BEEREN SIND ZWAR DANK IHRER DORNEN SEHR WEHRHAFT, ABER AM ENDE WERDEN SIE DOCH GEERNTET.

Familie: Rosengewächse

Alter: mehrjährig

Vermehrung: Ableger, Stecklinge oder Absenker

Pflanzzeit: zwischen dem letztem Bodenfrost und Mitte Mai; aber grundsätzlich erst, wenn die Pflanze mindestens drei frische, grüne Grundtriebe hat

Pflanzabstand: 1,5–2 m, Reihenabstand mind. 2 m (je Sorte)

Erntezeit: von Juli bis Oktober, je nach Sorte

verwendete Teile: Früchte, Blätter (für Tee)

Wuchshöhe: 0,5 bis 2 m

Boden: nicht zu leicht, humusreich und gut durchlässig, möglichst kalkarm

Standort: sonnig, toleriert auch Halbschatten, windgeschützt, keine Staunässe, ausreichend Platz, ggf. Rankmöglichkeit; manche Sorten sind frostempfindlich

Wasserbedarf: nur bei lang anhaltender Trockenheit gießen

Ernte: pflücken, wenn sie sich leicht vom Strauch lösen

Lagerung: im Kühlschrank 1 bis 2 Tage; nebeneinanderlegen, damit man schlechte Früchte schnell aussortieren kann

gute Nachbarn: Erdbeeren

schlechte Nachbarn: Walnussbaum

Wenn ich ihm frühen Frühjahr meine Sträucher schneide (weil ich es in der Erntezeit einfach nicht geschafft habe, es sind ja nicht nur die Beeren zu ernten), suche ich einen frostfreien, bedeckten Tag aus. Minusgrade können dazu führen, dass die beschnittenen Triebe erfrieren, was der ganzen Pflanze schaden kann. Und zu viel Sonne lässt die Schnittstellen verbrennen.

Bei **Roten Johannisbeeren** ist der beste Schnittzeitpunkt direkt nach der Ernte, in der Regel im August. Johannisbeeren wachsen am schönsten und süßesten an zwei- und dreijährigen Trieben. Darum schneide ich nach der Ernte alle Triebe, die älter als drei Jahre sind, ab. Trockene und kranke Triebe kommen sowieso weg, ebenso Quertriebe. Sie alle werden so bodennah wie möglich entfernt. Ich versuche, pro Strauch nicht mehr als zehn bis zwölf Triebe stehen zu lassen. Im Herbst schneide ich dann noch mal nach, entferne kranke, schwache Triebe und kürze, was zu sehr in die Höhe geschossen ist.

Weiße Johannisbeeren werden übrigens genauso geschnitten wie die Roten. Allerdings habe ich selbst keine Weißen. Bei den **Schwarzen Johannisbeeren** verhält es sich etwas anders, denn die wachsen deutlich stärker als die Roten. Darum sollten sie auch sehr regelmäßig und doll geschnitten werden. Außerdem tragen sie am meisten Früchte an den vorjährigen, langen Haupt- und Seitentrieben und an den kurzen Seitentrieben, die am zwei- bis dreijährigen Holz wachsen. Ein Hexenwerk ist der Schnitt darum aber auch nicht: Der Hauptschnitt der Schwarzen Johannisbeere sollte am besten im Spätwinter oder zeitigen Frühjahr passieren. Man entfernt alle Triebe, die älter als zwei oder drei Jahre sind dicht über dem Boden. Dabei sollte man aber entsprechend viele neue Triebe aus der Strauchbasis stehen lassen. An den Haupttrieben werden außerdem zu dicht stehende oder schwache Triebe weggeschnitten, man lässt möglichst kräftige, steil stehende Seitentriebe stehen.

Brombeeren schneidet man am besten von Februar bis März, alternativ auch nach der Ernte. Abgetragene Ruten des Vorjahrs werden bodennah abgeschnitten. Wenn eine Ranke mich mit köstlicher Ernte versorgt hat, schneide ich sie rigoros ab, damit eine neue kraftvoll heranwachsen kann. Nur die einjährigen, saftig grünen Ranken bleiben stehen. Ihre Seitentriebe schneide ich zudem auf zwei bis drei Augen zurück.

Sommerhimbeeren werden am besten im Sommer nach der Ernte geschnitten oder alternativ Ende Februar bis Anfang März. Jede leer gepflückte Rute wird bodennah abgeschnitten. Die diesjährigen grünen Triebe bleiben stehen, aber nur die kräftigen, die schwachen kommen auch dann gnadenlos weg. Beherzige diesen Tipp, sonst wachsen dir die Himbeeren schnell im wahrsten Sinne des Wortes über den Kopf – wie bei mir geschehen. Im Februar/März des Folgejahrs werden dann die Ruten auf 1,5 bis 1,8 m zurückgeschnitten.

Herbsthimbeeren werden im Herbst nach der Ernte rigoros zurückgeschnitten oder ebenfalls alternativ Ende Februar bis Anfang März. Sie fruchten an den diesjährigen Ruten. Nach der Ernte schneidet man deshalb alle Ruten bodennah ab.

GEMÜSEPARADIES AUF DEM BALKON

WER SAGT DENN, DASS DER ANBAU VON GEMÜSE UND OBST VIEL PLATZ BRAUCHT? AUCH AUF ENGSTEM RAUM LÄSST SICH WUNDERBAR SCHMACKHAFTES ANBAUEN. ALSO HER MIT DEN BALKONEN UND WINZIG-BEETEN DIESER WELT! JETZT WERDET IHR BEWIRTSCHAFTET!

Vor meiner „Bachstelzen"-Zeit habe ich meine Mietwohnungen immer nach dem BaBaMu-Prinzip ausgesucht: Balkon und Badewanne sind ein Muss. Die Wohnungen waren teilweise wirklich winzig klein, aber ein Balkon war dabei. Als ich nach Berlin gezogen bin, fand ich die Balkongärten der Leute so cool. Ich kam vom Dorf, und den Begriff Urban Gardening und die entsprechenden Bilder kannte ich bis dahin gar nicht. In meiner Wohnung in Neukölln zum Beispiel hat genau ein Klappstuhl auf den Balkon gepasst, Pflanzen hatten keinen Platz mehr. Der Balkon war mein zweites Wohnzimmer. Ich weiß also, wovon ich rede, wenn ich sage: „Es braucht keinen großen Garten, um erfolgreich Gemüse anzubauen. Sogar auf dem Balkon gedeiht vieles wunderbar." Was sehr schön ist: Die Arbeit hält sich auf einem Balkon schön in Grenzen, denn Unkräuter wachsen lang nicht so hartnäckig und üppig wie im Beet.

Auf dem Balkon sollte grundsätzlich erst nach den Eisheiligen gepflanzt werden, also Mitte Mai, damit die Pflanzen bei einem späten Frost nicht erfrieren. Darum zieht man die Pflänzchen in der Regel in der Wohnung aus Samen vor und setzt sie Mitte Mai in die Gefäße auf dem Balkon.

Gemüse, Obst und Kräuter für den Balkon

Du solltest grundsätzlich Sorten aussuchen, die einfach anzubauen sind, mit wenig Platz auskommen und sich mit den Bedingungen auf deinem Balkon arrangieren können. Ein Kürbisfeld könnte vielleicht schwierig werden, und wer braucht schon Zierkürbisse?! Wie die Gartenbeete liegt auch der Balkon idealerweise sonnig bis halbschattig und nicht zu sehr im Wind, aber durchaus luftig. Ich gebe allerdings zu, dass man auf Balkonen nicht wirklich so eine große Auswahl an Standorten hat.

Manche mögen's heiß, andere nicht

Fangen wir mal mit den Extremen an: Auf einem reinen Nordbalkon wachsen sämtliche Blattsalate, Feldsalat und Rucola sehr gut. Auch Mangold und Kohlrabi mögen schattig-feuchtes Klima. Und eine Vielzahl an Kräutern gedeiht hier wunderbar, etwa Petersilie, Schnittlauch, meine geliebte Minze, Melisse und möglicherweise auch Oregano – zumindest kann man es mal damit probieren. Andere mediterrane Kräuter werden es jedoch eher schwer haben. Die solltest du dann besser auf der Fensterbank ziehen.

Ist dein Balkon nach Süden ausgerichtet und den ganzen Tag der prallen Sonne ausgesetzt, gedeihen dort hervorragend mediterrane Kräuter wie Rosmarin, Thymian und Salbei. Auch Lavendel wird wunderbar wachsen. Überhaupt lieben sehr viele Gemüse- und auch Obstsorten die Sonne – Tomaten, Gurken, Auberginen, Chilis, Paprika und Erdbeeren. Für den Balkon empfehle ich übrigens mehrfach tragende Erdbeersorten, die sehen besonders hübsch aus, weil sie eben auch mehrmals im Jahr blühen. Sie tragen zwar nicht besonders große Früchte, aber sie sind ja auch nicht zum Sattessen gedacht, eher zum Schnell-mal-Vernaschen während des Gießens.

Generell gilt, dass die Ernte am üppigsten ausfällt, wenn möglichst viel Sonne auf den Balkon fällt. Das ist in der Regel aber auch schon bei einem nach Osten oder Westen ausgerichteten Balkon der Fall. Dort kann man fast jedes Gemüse anbauen. Salat, Möhren, Kohlrabi, Radieschen und Mangold kommen auch gut im Halbschatten zurecht. Chilis sind besonders gute Balkonpflanzen, weil sie in kleinsten Töpfen wachsen und wenig Pflege brauchen. Von vielen Gemüsen, wie Zucchini und Kürbis, die eigentlich sehr viel Platz brauchen, wurden spezielle Sorten gezüchtet, die mit wenig Platz auskommen, „Balkongemüse" genannt. Für Pflanzen, die etwas mehr Platz brauchen, wie Tomaten oder Gurken, gibt es tiefere Kübel oder Pflanztaschen. Letztere haben den Vorteil, dass sie bei Nichtgebrauch winzig klein zusammengefaltet werden können und dadurch im Winter kaum Platz wegnehmen. Gemüse, das besonders tief wurzelt, wie beispielsweise Möhren, brauchen ein Pflanzgefäß mit mindestens 40 cm Tiefe.

Bei Tomaten empfehle ich für den Balkon genauso wie fürs Freiland: Pflanze mehrere Sorten an und du wirst deine helle Erntefreude haben! Dasselbe solltest du auch bei Minze machen, es gibt sie in vielen verschiedene Sorten mit unterschiedlichsten Aromen.

Kräuter auf dem Balkon

Ideal für den Balkon ist ein kleiner Kräutergarten. Er ist einfach zu pflegen und bringt einen Quantensprung in der Küche. Die Kräuter einfach in einen Balkonkasten pflanzen und diesen am Geländer aufhängen, so bekommen die Pflanzen viel Sonne, Luft und ab und an auch ein paar Regentropfen. Trotzdem musst du natürlich darauf achten, dass die Erde in den Gefäßen auf dem Balkon nie zu trocken ist. Allerdings darf sie auch nicht zu nass sein, denn bei Staunässe schimmeln und faulen Erde und Wurzeln. Beim Kräuteranbau hilft schon mal trial and error mit der Hoffnung auf möglichst wenig error.

Die richtige Pflege für Topfbewohner

Die Basis für Pflanzen ist neben Licht, Wärme und Wasser auch auf dem Balkon die Erde. Nur gibt es davon in Töpfen und Kästen weniger als in einem Garten. Ich empfehle gute, torffreie Bio-Pflanzerde (auf S. 13 erkläre ich, wie man sie selbst machen kann). Sie ist nicht mit chemischen Zusätzen versehen, sodass man sich seine gesunde Ernte wirklich schmecken lassen kann. Falls die Pflanzerde etwas fest ist,

mischt man einfach ein bisschen Sand unter, das macht sie lockerer. Normale Blumenerde sollte man für Balkongemüse nicht nehmen, sie enthält einfach zu viel Dünger.

Und dann ist es auf dem Balkon auch nicht mit einem Spritzer Pflanzendünger in der Saison getan. Am besten mischt du unter die Pflanzerde gleich einen biologischen Langzeitdünger. Gegen Ende der Saison düngst du dann noch mal nach. Alle zwei Wochen sollte man von Mai bis Mitte September außerdem einen Schuss biologischen Dünger ins Gießwasser geben, damit das bisschen Erde in den Gefäßen immer genug Nährstoffe für die Pflanzen enthält. Das hängt aber auch ein wenig von den jeweiligen Pflanzen ab, ob sie Stark-, Mittel- oder Schwachzehrer sind (siehe Steckbriefe). Alle paar Jahre muss die Erde in den Pflanzgefäßen komplett ausgetauscht werden.

Töpfe und Kästen vorbereiten

Es gibt ein paar Regeln für das Vorbereiten der Balkongefäße, damit die Pflanzen sich darin wohlfühlen. Sie sollten nicht zu klein, mindestens 20 cm hoch und breit sein, damit sich die Wurzeln der Pflanzen so weitläufig wie möglich ausbreiten können. Außerdem trocknet die Erde umso langsamer aus, je mehr davon im Gefäß ist.

Die Gefäße sollten einen Wasserablauf haben. Falls das nicht der Fall oder er zu klein ist, kann man mit einem Bohrer nachhelfen.

Du kannst in deine Pflanzgefäße einen Wasserspeicher einbauen. Dafür legst du den Boden mit Tonscherben oder kleinen Steinen aus – sie dienen als Drainage. Darüber kommt eine 2 bis 3 cm dicke Schicht aus Blähton (kleine Kügelchen aus Ton, die es im Gartenmarkt gibt), der das Wasser speichert. Diese Schicht wird mit einem wasser- und luftdurchlässigen Vlies abgedeckt. Den Rest des Gefäßes füllt man dann bis 2 bis 3 cm unter den Rand mit nährstoffreicher Pflanzerde auf.

Die Pflanzen sollten übrigens mit einer Handbreit Abstand gesät oder gesetzt werden, damit sie sich beim Wachsen nicht zu sehr behindern. Bevor man Jungpflanzen einsetzt, kann man ihre Wurzelballen ein paar Minuten in Wasser tauchen, sodass sie sich richtig vollsaugen. Sie wachsen dann leichter an.

Nützliche Besucher anlocken

Nützlich können zum einen gute Freunde sein, denen du aus deiner Balkonernte was Leckeres zubereitest und die dafür vielleicht bereitwillig während deines Urlaubs das Gießen übernehmen. Nützlich sind aber

MANGOLD

WENN DIE MEISTEN ANDEREN GEMÜSE ABGEERNTET SIND, STEHT DER MANGOLD BUNT UND KNACKIG IM BEET.

Familie: Gänsefußgewächse

Sorten: Stielmangold hat fleischige, essbare Blattstiele; Blattmangold hat dünne Stängel, wird wie Spinat verwendet

Alter: eigentlich mehrjährig, wird aber im ersten Jahr geerntet

Aussaat: April/Mai direkt ins Beet oder in Töpfe, bis spätestens Juni nachsäen für eine Ernte im Herbst

Pflanzenabstand: 30–40 cm, Reihenabstand mind. 15–30 cm, Saattiefe 3 cm

Keimung: Dunkelkeimer

Erntezeit: Juni/Juli bis Oktober (bis zum Frost); bei Herbstaussaat März bis Mai

verwendete Teile: Blätter samt Stielen

Wuchshöhe: bis zu 60 cm

Boden: locker, tiefgründig, humusreich, nährstoffreich

Nährstoffbedarf: Mittelzehrer

Standort: sonnig/halbschattig

Wasserbedarf: junge Pflanzen regelmäßig, auch ältere Pflanzen mäßig

Ernte: äußere Blätter samt Stiel entfernen, Herzblätter stehen lassen, sie wachsen nach

Lagerung: kurz bei 2 °C; tiefkühlen möglich

gute Nachbarn: Bohnen, Brokkoli, Erbsen, Knoblauch, Kohl, Kohlrabi, Möhren, Radieschen, Rettiche

schlechte Nachbarn: Gartenkresse, Gurken, Rote Bete, Rucola, Spinat, Tomaten, Schwarzwurzeln

MEDITERRANE KRÄUTER

THYMIAN, ROSMARIN, SALBEI, BASILIKUM, OREGANO, MAJORAN: MEDITERRANE KRÄUTER GEHÖREN IN MEINE KÜCHE WIE DAS AMEN IN DIE KIRCHE.

Familie: Lippenblütler

Alter: mehrjährig

Pflanzzeit: im Mai nach den Eisheiligen; Basilikum im Topf vorziehen und erst bei mind. 16 °C auspflanzen; Rosmarin und Salbei in milden Gegenden auch im Herbst

Pflanzenabstand: Thymian 25 cm, Rosmarin 50 cm, Salbei 30–40 cm, Oregano 20 cm, Basilikum 20 cm, Majoran 20–30 cm

Keimung: Lichtkeimer

Erntezeit: am besten kurz vor der Blüte; nur Oregano ist während der Blüte aromatischer

verwendetet Teile: in der Regel die Blätter

Boden: mager, durchlässig, eher sandig

Nährstoffbedarf: Schwachzehrer

Standort: sonnig, warm, windgeschützt (gedeihen super auf dem Balkon)

Wasserbedarf: wenig

Ernte: einzelne Triebe abschneiden; vom großblättrigen Basilikum (Sorte Genovese) die Blätter paarweise mit den Fingern abknipsen; Pflanzen treiben danach wieder aus

Lagerung: robuste Kräuter wie Rosmarin und Thymian kann man trocknen, weichblättrige wie Salbei oder Majoran tiefkühlen

gute Nachbarn: andere mediterrane Kräuter, Fenchel, Kümmel, Lauch, Zwiebeln

schlechte Nachbarn: Senf

der Majoran

WURSTKRAUT ADE

MAJORAN IST LEIDER EIN WENIG AUS DER MODE GEKOMMEN. ICH HABE MANCHMAL DAS GEFÜHL, DASS SEIN NAHER VERWANDTER NAMENS OREGANO, DER JA AUCH „PIZZAKRAUT“ GENANNT WIRD, IRGENDWIE STYLISCHER, SÜDLÄNDISCHER DAHERKOMMT.

Aber vielleicht liegt‘s auch nur daran, dass frischer Majoran (der auch nicht ganz so prickelnd „Wurstkraut“ heißt) schnell braun und latschrig wird – auch wenn du meinst, du hättest ihn superfrisch gekauft. Aber genau darum geht es ja: Weil das zarte Kraut schon auf dem Weg vom Supermarkt zu dir nach Hause die ersten braunen Flecken bekommt, ist es ja so genial, wenn du es selber auf dem Balkon oder im Garten hast. Dann pflückst du bei Bedarf und hast stets das volle Aroma auf dem Teller.

Vielleicht hast du meine Ode an die Gurke auf S. 34 schon gelesen, dann erinnerst du dich bestimmt: eine ungeschälte, entkernte Salatgurke ganz scharf anbraten, Pfeffer und Salz drüber, vielleicht etwas Honig. Und als Krönung: ordentlich frischen Majoran drauf. Meine Gäste fragen ganz oft: Was zur Hölle ist denn da dran? Wieso schmeckt das so besonders?

Dieses Rezept für Schmorgurken ist so unglaublich simpel und unbedingt zum Probieren empfohlen. Man braucht meiner Meinung nach keine 1.000 Gewürzdöschen im Regal. Mit Pfeffer, Salz, Chili und frischen Kräuter aus dem Garten, vom Fensterbrett oder vom Balkon kann man jede Küchenschlacht gewinnen.

Falls ein Familienmitglied oder Gast sagt: „Frische Kräuter im Essen? Mag ich aber nicht!“, habe ich noch einen Tipp. Manche Kräuter enthalten starke Senföle, Rosmarin und Salbei zum Beispiel. Das Aroma mögen manche Menschen nicht. Aber wenn du denen diese Kräuter sanft in Butter ausbrätst und übers Essen streust, werden die verrückt vor Begeisterung. Durchs Braten verlieren die Senföle ihre Schärfe, und die Kräuter werden ganz weich im Geschmack. Geht auch mit gut mit Wurst- und ja, natürlich auch mit Pizzakraut, dem Oregano.

auch Insekten. Fast alle schaffen es hoch hinauf, also auch auf unsere Balkone. Nur müssen wir ihnen etwas Hilfestellung bieten, damit sie wissen: Hier lohnt es sich, vorbeizuschauen. Besonders gut funktioniert das mit Lavendel, er verströmt einen intensiven Duft, dem die Insekten folgen, und er ist reich an Nektar. Dasselbe gilt für Salbei und Katzenminze. Schmetterlingsmagneten sind Thymian und Sommerflieder. Ein angenehmer Nebeneffekt: Die Kräuter locken zwar Insekten an, halten jedoch Mücken und Wespen fern.

Neben dem Anbau von Gemüse und Kräutern, die auch blühen, kann man auf dem Balkon noch weitere Blumen pflanzen, zum Beispiel ein paar Tellerblüten (wie Schusternagerl, Rote Lichtnelke) und Rispenblüten (wie Ebenstrauß oder Rainfarn), die sind, wenn sie blühen, nicht nur hübsch anzusehen, sondern duften für Insekten besonders intensiv. Ein paar Tipps zu Blumen, deren Blüten du verspeisen kannst, findest du darüber hinaus auf S. 25.

Den Balkon winterfest machen

Wenn es kälter wird, sterben die meisten Gemüsepflanzen ab oder tragen nicht mehr. Jetzt ist es Zeit, den Balkon winterfest zu machen. Das bedeutet, dass du die Gemüsepflanzen in den Biomüll gibst, denn sie würden im Winter schimmeln und damit der Erde schaden. Kräuter hingegen können überwintern. Entweder stellst du sie in die Wohnung, oder du lässt sie draußen in einer geschützten Ecke stehen, packst sie aber mit Gartenvlies gut ein. Zuvor werden abgestorbene Pflanzenteile entfernt beziehungsweise wird noch ein Rückschnitt durchgeführt.

Die Balkonerde kannst du im nächsten Frühjahr wiederverwenden, natürlich ordentlich mit Langzeitdünger angereichert. Dazu muss sie im Winter trocken gelagert werden (am besten in ihrer Originalverpackung oder einem Müllbeutel), damit sie nicht fault. Alle Pflanzenreste müssen aber vorher entfernt werden. Wenn die Erde schon mehrere Gartenjahre hinter sich hat, wird sie im Biomüll entsorgt. Im Frühjahr werden die Gefäße dann neu befüllt.

Die meisten Pflanzgefäße sollte man möglichst frostfrei lagern, Terrakotta- oder Tontöpfe zum Beispiel können bei Frost platzen. Am besten reinigt man die Pflanzgefäße und verpackt sie in Jutebeuteln oder mit Gartenvlies. Holztöpfe umhüllt man ebenfalls und stellt sie auf eine Unterlage, damit sie nicht von unten Feuchtigkeit ziehen und verrotten.

meine REZEPTE

JETZT KOMMT DER SCHÖNSTE MOMENT IM GARTENJAHR: AUS DEN GEERNTETEN SCHÄTZEN KÖSTLICHKEITEN ZUBEREITEN. IM FOLGENDEN FINDEST DU MEINE LIEBLINGSREZEPTE RUND UM GEMÜSE UND OBST AUS DEM EIGENEN GARTEN.

meine

VORSPEISEN

VON SUPPE ÜBER SALAT BIS CARPACCIO: MIT GEMÜSE KANNST DU SO ALLERLEI LECKERES ALS VORSPEISE ODER KLEINES GERICHT ZAUBERN. ANREGUNGEN DAZU FINDEST DU AUF DEN FOLGENDEN SEITEN!

SCHNELLGURKEN
MIT DILL

DU MEINST, DU KENNST SCHON JEDE GURKENZUBEREITUNG? SENFGURKEN? SALZGURKEN? ESSIGGURKEN? SALATGURKEN? SEEGURKEN? GUT. ABER OB DU SCHNELLGURKEN KENNST, DAS WAGE ICH ZU BEZWEIFELN.

FÜR 4 PERSONEN

1 Salatgurke
1 EL dunkle Senfkörner
Salz
3 EL Zucker
1 EL gehackter Dill
2–3 EL Essigessenz

1. Die Gurke waschen, längs halbieren und die Hälften noch mal vierteln. Die Viertel in längliche Stücke schneiden.

2. Die Gurkenstücke in eine Schale legen, die Senfkörner, 1 EL Salz, Zucker und Dill darübergeben und das Ganze mit der Essigessenz beträufeln. Die Gurken mit Frischhaltefolie bedecken und bei Zimmertemperatur mindestens 1 Stunde durchziehen lassen.

mein Tipp

Die Schnellgurken passen perfekt als Begleiter zu Butterbrot, Käsestulle oder auch nur als Snack zwischendurch.

TOMATEN-MÖHREN-AUFSTRICH
AUF DIE SCHNELLE

GROSSARTIG, WENN DIE KLEINE GROSSNICHTE ZUM FRÜHSTÜCK ZU BESUCH KOMMT UND DIR IN DER HAUSTÜR SAGT, DASS SIE SEIT ZWEI WOCHEN VEGETARIERIN IST.

FÜR 4 PERSONEN

3 Möhren
1 Zwiebel
200 g Tomatenmark
150 g Butter
je 8 g Thymian, Basilikum und Bergmajoran
Salz

1. Die Möhren putzen, schälen und fein reiben. Die Zwiebel schälen und in feine Würfel schneiden. Beides mit dem Tomatenmark und der Butter mischen und gut verkneten.

2. Die Kräuter waschen und trocken schütteln, die Blättchen abzupfen und fein hacken. Den Aufstrich mit Salz und den Kräutern verfeinern.

mein Tipp

Für den Aufstrich kannst du auch noch weitere Kräuter verwenden – je nachdem, was dein Garten oder deine Fensterbank so hergibt.

GURKEN-KIRSCH-TATAR
MIT FRISCHEN GARTENKRÄUTERN

HIER KÖNNEN SICH DEINE KRÄUTER UND DEINE ESSBLUMENWIESE SO RICHTIG AUSTOBEN. DIE KIRSCHEN DÜRFEN NATÜRLICH AUCH AUS NACHBARS GARTEN STAMMEN ...

FÜR 4 PERSONEN

80 ml Sauerkirschsaft
Zucker
Cayennepfeffer
etwas Kartoffelstärke
300 g entsteinte Kirschen
1 Salatgurke
4 Zuckerschoten
Gartenkräuter nach Wahl (ich habe mich entschieden für: Dill, Fenchelkraut, Kerbel, essbare Blüten, Rosmarin)
ein paar grob zerstoßene Wacholderbeeren
Saft von 1 Limette
Salz
1 EL Olivenöl

1. Den Kirschsaft mit etwas Zucker und Cayennepfeffer aufkochen und mit Kartoffelstärke abbinden. Die Kirschen in den Kirschsud geben und diesen auskühlen lassen.

2. Die Gurke waschen, längs halbieren und entkernen. Die Gurkenhälften in kleine Würfel schneiden. Die Zuckerschoten putzen, waschen und längs in dünne Streifen schneiden. Die Kräuter waschen, trocken schütteln und etwas kleiner zupfen.

3. Das Kirschragout mit den Gurkenwürfeln sanft vermischen, mit Wacholder und Limettensaft abschmecken. Das Gurken-Kirsch-Ragout mithilfe eines Anrichterings auf Teller setzen, leicht andrücken und den Ring entfernen.

4. Das Gurken-Kirsch-Ragout mit Zuckerschotenstreifen und der Kräuter-Blumen-Mischung garnieren. Jeweils mit 1 Prise Salz bestreuen und mit 1 Spritzer Olivenöl beträufeln.

mein Tipp

Perfekt dazu passt ein Stück gebratener Seeteufel oder pochierte Geflügelbrust.

BUNTER KARTOFFELSALAT
MIT MANDELN

MANDELN SIND FÜR MICH OFT EINE SUPER LÖSUNG, WENN ICH NOCH ETWAS CRUNCH IN EIN GERICHT BRINGEN MÖCHTE. FUNKTIONIERT BEI DIESEM SALAT ABER AUCH GUT MIT WALNÜSSEN.

FÜR 4 PERSONEN

500 g festkochende Kartoffeln
Salz
2 Frühlingszwiebeln
1 EL körniger Senf
Zucker
Cayennepfeffer
2 EL Mandelkerne (nach Belieben gehackt)
Saft von 2 Zitronen
5 EL Sonnenblumenöl
1 EL Gemüsewürfel (z.B. Möhre und pinke Bete)
1 EL Graupen (in Kurkumawasser gegart)
2 EL gehackte Gartenkräuter nach Wahl

1. Die Kartoffeln waschen und mit Schale in Salzwasser weich garen. Abgießen, ausdämpfen lassen, pellen und noch heiß grob in Würfel schneiden. Die Kartoffelwürfel in eine Schüssel geben.

2. Die Frühlingszwiebeln putzen, waschen und in Ringe schneiden. Die Frühlingszwiebeln über die Kartoffeln streuen. Kartoffeln mit Senf, Salz, Zucker und Cayennepfeffer kräftig abschmecken.

3. Die Mandeln in einer Pfanne ohne Fett anrösten. Zitronensaft, Sonnenblumenöl, Gemüsewürfel und Graupen dazugeben, sanft vermischen und zuletzt die Mandeln und die Kräuter unterheben. Nach Belieben mit einer halbierten, vorgegarten Möhre dekorieren.

mein Tipp

Es ist superwichtig, dass du die Kartoffeln heiß verarbeitest, damit das Dressing gut von den Kartoffelwürfeln aufgenommen wird.

FENCHEL-ORANGEN-SALAT
MIT ESTRAGON UND ZIEGENKÄSE

FENCHEL UND ESTRAGON SIND JA SOZUSAGEN IN DERSELBEN CLIQUE, UND DIESE CLIQUE HAT GESCHMACK. ANIS-GESCHMACK. UND DER PASST PERFEKT ZU ORANGE. DAS MUSST DU ZUBEREITEN.

FÜR 4 PERSONEN

4 Scheiben dünn geschnittener roher Schinken
2 Orangen
30 g Estragon
2 Fenchelknollen
etwas Olivenöl
Zucker
Salz
Cayennepfeffer
150 g Ziegenkäserolle

1. Den Backofen auf 180 °C vorheizen. Die Schinkenscheiben zwischen zwei Lagen Backpapier legen und im Ofen auf der mittleren Schiene 10 bis 15 Minuten knusprig backen. Oder alternativ den Schinken in einer Pfanne ohne Fett knusprig braten.

2. Die Orangen so großzügig schälen, dass auch die weiße Haut mitentfernt wird. Die Filets aus den Trennhäuten schneiden, dabei den Saft auffangen. Die Orangenreste auspressen.

3. Den Estragon waschen und trocken schütteln, die Blätter abzupfen. Den Orangensaft in einen Topf geben und mit der Hälfte des Estragons aufkochen.

4. Den Fenchel putzen, waschen und mit dem Gemüsehobel in feine Scheiben hobeln. In einer Schüssel mit Olivenöl, Zucker, Salz, Cayennepfeffer, dem warmen Orangensaft und dem restlichen Estragon mischen und die Orangenfilets unterheben. Kurz durchziehen lassen.

5. Fenchel-Orangen-Salat auf Tellern anrichten, den Ziegenkäse und den Knusperschinken darüberbröckeln.

KOHLRABICARPACCIO
MIT GRÜNEM SPECK UND HIMBEEREN

EIN CARPACCIO OHNE FLEISCH HÖRT SICH BESONDERS FÜR VEGETARIER ERST EINMAL SUPER AN, ODER? NUR LEIDER: DER GRÜNE SPECK MACHT ES IN DER KOMBI ERST ZU DEM, WAS ES IST.

FÜR 4 PERSONEN

- 2 Kohlrabi
- 100 g grüner Speck (ohne Schwarte und gefroren)
- etwas Olivenöl
- Saft und abgeriebene Schale von ½ Bio-Zitrone
- grobes Salz
- ein paar Himbeeren

1. Den Kohlrabi putzen, schälen und hauchdünn in Scheiben schneiden – das geht am besten mit der Aufschnittmaschine. Den gefrorenen Speck ebenfalls hauchdünn in Scheiben schneiden.

2. Beides abwechselnd auf Tellern drapieren. Mit ein paar Tropfen Olivenöl und Zitronensaft beträufeln. Ein wenig Zitronenschale und grobes Salz darüber verteilen.

3. Die Himbeeren verlesen und waschen. Das Kohlrabicarpaccio mit den Himbeeren und nach Belieben Dahlienblütenblättern garnieren.

GEFÜLLTE TOMATE
MIT PETERSILIENPESTO

DIESE GEBACKENE TOMATE IST EINE WUNDERVOLLE BEILAGE ZU FISCH IM SOMMER. ABER AUCH ALS VEGETARISCHES HAUPTGERICHT ETWAS GANZ BESONDERES.

FÜR 4 PERSONEN

- 2 Stiele Zitronenthymian
- jeweils 1 Stiel rotes und grünes Basilikum
- 1 Knoblauchzehe
- 100 g Ziegenfrischkäse
- 7 confierte Tomaten (siehe S. 184)
- 1 TL Petersilienpesto (siehe S. 135)
- 1 EL Paniermehl
- 1 EL Haselnussgrieß
- Zucker
- Salz
- Cayennepfeffer
- 4 große, sonnengereifte Tomaten
- etwas Olivenöl

1. Den Backofen auf 170 °C vorheizen. Für die Füllung Zitronenthymian und Basilikum waschen, trocken schütteln und die Blätter abzupfen. Den Knoblauch schälen und grob zerkleinern.

2. Kräuter und Knoblauch mit Frischkäse, confierten Tomaten, Pesto, Paniermehl und Grieß in einem hohen Rührbecher mit dem Stabmixer fein pürieren. Die Masse mit Zucker, Salz und Cayennepfeffer würzig abschmecken.

3. Die Tomaten waschen und trocken tupfen. Je nach Größe der Tomaten entweder quer halbieren oder dritteln. Den unteren Teil der Tomaten leicht aushöhlen, die Tomaten mit dem Großteil der Masse füllen und in eine Auflaufform setzen. Dann die Deckel aufsetzen und die restliche Masse auf den Deckeln verteilen.

4. Die Tomaten mit etwas Olivenöl beträufeln und im Ofen auf der mittleren Schiene etwa 10 Minuten überbacken.

GAZPACHO
VON PAPRIKA UND GURKE

VERZEIH MEINEN ZYNISMUS: WENN ES SO WEITERGEHT MIT DEM KLIMAWANDEL, WIRD DIESES GERICHT IN UNSEREN BREITENGERADEN IMMER ALLTÄGLICHER. DENN ES STIMMT: BEI HITZE KÜHLT ES GAUMEN UND GEMÜT!

FÜR 4 PERSONEN

je 20 g Basilikum, Petersilie und Koriander
1 Salatgurke
je 1 gelbe und rote Paprikaschote
2–3 überreife Tomaten
2 große rote Zwiebeln
3 Knoblauchzehen
1 kleines Stück Chilischote
3 EL Honig
Salz
Saft von 2 Limetten
1 guter Schuss Balsamico bianco

1. Die Kräuter waschen, trocken schütteln und die Blätter abzupfen.

2. Die Gurke schälen. Die Paprika längs halbieren, entkernen und waschen. Die Tomaten waschen, halbieren und den Stielansatz entfernen. Zwiebeln und Knoblauch schälen.

3. Das Gemüse, die Zwiebeln, den Knoblauch und die Chili klein schneiden.

4. Kräuter, Gemüse, Zwiebeln, Knoblauch und Chili in den Küchenmixer geben. Honig, 1 EL Salz, Limettensaft und Essig dazugeben und alles mixen.

5. Die Gazpacho in eine Schüssel geben und vor dem Servieren 1 Stunde kühl stellen. Falls es schnell gehen muss, die Gazpacho einfach 10 Minuten in das Tiefkühlfach stellen.

SCHNELLE GURKENSUPPE

MIT KERBEL UND BORRETSCH

BEIM FUSSBALL WERDEN DOCH SCHLECHTE TEAMS OFT LAHME GURKENTRUPPE GENANNT, ODER? BEI SUPPEN IST DAS ANDERS: DIE BESONDERS LECKEREN NENNT MAN …

FÜR 4 PERSONEN

20 g Kerbel
10 g Borretsch
10 g Dill
1 Salatgurke
100 g saure Sahne
1 EL Essigessenz
Saft von 1 Zitrone
Salz
Cayennepfeffer
½ TL Knoblauchpaste (selbst gemacht; siehe Tipp)
Honig

1. Die Kräuter waschen und trocken schütteln, die Blätter bzw. Spitzen abzupfen. Die Gurke waschen und grob in Stücke schneiden.

2. Die Gurke mit Kräutern, saurer Sahne, Essig, Zitronensaft, Salz, Cayennepfeffer und Knoblauchpaste im Küchenmixer pürieren und mit etwas Honig verfeinern. Falls nötig, noch etwas Wasser dazugeben.

3. Die Gurkensuppe mit Kerbel und Borretsch vor dem Servieren etwa 1 Stunde kühl stellen oder auf Eis servieren.

mein Tipp

Für die Knoblauchpaste mixe ich frischen, geschälten Knoblauch im Verhältnis 1:1 mit Olivenöl. Die Paste kommt dann in ein Schraubglas, und ab damit in den Kühlschrank. Sie hält sich so mehrere Tage.

GERÄUCHERTE FORELLE
AUF SCHMORGURKEN

EIN KULINARISCHES DREAMTEAM SIND RÄUCHERFISCH UND GURKE. ÜBRIGENS, SOLLTEST DU SIE ÜBERLESEN HABEN: MEINE VOLLKOMMEN BERECHTIGTE ODE AN DIE GURKE FINDEST DU WEITER VORN.

FÜR 4 PERSONEN

brauner Zucker
Fenchelsamen
Bockshornkleesamen
Salz
4 Räucherforellenfilets (à 100 g)
1 Bio-Zitrone
Brunnenkresse zum Garnieren
1 Salatgurke
Olivenöl zum Braten
Zucker
Cayennepfeffer
100 g saure Sahne

1. Den Backofen auf 50 °C vorheizen. Jeweils 1 Prise braunen Zucker, Fenchelsamen, Bockshornkleesamen und Salz mischen. Mit dieser Gewürzmischung wird am Ende die Räucherforelle verfeinert.

2. Die Forellenfilets auf ein Backblech geben, mit Frischhaltefolie abdecken und im Ofen auf der mittleren Schiene etwa 5 Minuten sanft temperieren.

3. Die Zitrone heiß waschen, trocken reiben und die Schale in Zesten abziehen. Den Saft auspressen. Die Brunnenkresse waschen und trocken schütteln.

4. Die Gurke waschen, längs halbieren, entkernen und die Hälften in grobe Stücke schneiden. Das Olivenöl in einer Pfanne erhitzen und die Gurkenstücke darin bei starker Hitze andünsten. Mit Zucker, Salz und Cayennepfeffer würzen und mit Zitronensaft ablöschen.

5. Auf jeden Teller einen guten Löffel saure Sahne flach gestrichen verteilen. Darauf die Schmorgurke geben. Die Forellenfilets aus dem Ofen nehmen und auf die Gurke setzen. Die Gewürzmischung auf die Forelle streuen, die Filets mit Brunnenkresse und Zitronenzesten garnieren.

BUNTER LINSENSALAT
MIT APRIKOSEN UND MAJORAN

APRIKOSE UND MAJORAN HABEN IN MEINER KÜCHE ZUEINANDERGEFUNDEN WIE ERNIE UND BERT. ZWEI UNTERSCHIEDLICHE CHARAKTERE, DIE PERFEKT MATCHEN.

FÜR 2 PERSONEN

150 g gelbe oder rote Linsen
150 g Belugalinsen
1 Apfel
1 kleine rote Zwiebel
1 Msp. Knoblauchpaste (selbst gemacht; siehe Tipp S. 107)
Salz
Cayennepfeffer
Honig
2 EL Essigessenz
3 EL kalt gepresstes Haselnussöl
4 süße Aprikosen
20 g Majoran

1. Die beiden Linsensorten getrennt in Wasser (ohne Salz!) bissfest garen, in ein Sieb abgießen, abspülen und in eine große Schüssel geben. Noch warm weiterverarbeiten.

2. Den Apfel waschen, vierteln, entkernen und in kleine Würfel schneiden. Die Zwiebel schälen und in feine Würfel schneiden. Beides mit Essigessenz, Haselnussöl und 2 bis 3 EL Wasser zu den Linsen geben. Kräftig mit Knoblauchpaste, Salz, Cayennepfeffer und Honig würzen.

3. Die Aprikosen waschen, vierteln und entkernen. Den Majoran waschen, trocken schütteln und die Blättchen abzupfen. Beides unter den Salat heben und sofort servieren.

mein Tipp

Das Kochwasser für die gelben Linsen kannst du mit 1 TL gemahlener Kurkuma einfärben. Das intensiviert die Farbe der Linsen.

MARIAS FOCACCIA
MIT THYMIAN

WENN DIE GANZE LOCKDOWN-ZEIT AUCH EINEN GUTEN NEBENEFFEKT HATTE, DANN, DASS VIELE NICHT NUR DAS GÄRTNERN WIEDERENTDECKT HABEN, SONDERN AUCH DAS BACKEN. FÜR NOCH-NICHT-BÄCKER IST DAS HIER EIN PERFEKTER EINSTIEG.

FÜR 1 FOCCACIA

0,5 g frische Hefe
20 g Thymian
1 kg Weizenmehl (Type 550)
1 EL Zucker
1 TL Salz
8 Pfefferkörner (grob zerstoßen)
Mehl für die Arbeitsfläche
Öl für das Backblech
etwas Olivenöl

1. Die Hefe in ¾ l lauwamem Wasser auflösen. Den Thymian waschen, trocken schütteln und die Blättchen abzupfen.

2. Das Mehl mit Thymian, Zucker, Salz und dem groben Pfeffer in der Rührschüssel der Küchenmaschine mischen. Das Hefewasser nach und nach einfließen lassen und mit dem Knethaken auf niedriger Stufe mindestens 10 Minuten zu einem glatten Teig kneten. Den Hefeteig in der Rührschüssel zugedeckt 1 Stunde gehen lassen.

3. Den Teig kurz wieder zusammenschlagen und danach die klebrige Teigmasse auf die bemehlte Arbeitsfläche geben. Mit Mehl bestäuben, sanft zu einem großen Viereck ausrollen und wie ein Briefkuvert alle 4 Ecken nach innen zusammenschlagen. Nun den Teig auf ein gut geöltes Backblech legen. Mit den Fingern in regelmäßigen Abständen Mulden eindrücken und den Teig weitere 1 bis 2 Stunden gehen lassen.

4. Den Backofen auf 200 °C vorheizen. Wenn der Teig richtig gut aufgegangen ist, mit etwas Wasser und Olivenöl beträufeln. Im Ofen auf der mittleren Schiene etwa 40 Minuten backen, dabei die letzten 5 Minuten auf der obersten Schiene backen. Herausnehmen und am besten frisch genießen.

mein Tipp

Du kannnst die Foccacia noch saisonal aromatisieren. Im Winter z. B. mit kleinen Speckwürfeln und im Sommer mit grobem Salz und abgeriebener Bio-Zitronenschale.

OMELETTE BACHSTELZE
MIT MANGOLD

IMMER MEHR MENSCHEN HALTEN HÜHNER IN IHREN GÄRTEN. DAS LÄDT ZUM TAUSCHHANDEL EIN: GRÜNZEUG GEGEN EIER. WIE TOLL, WENN DU SOLCHE BEKOMMEN UND SIE MIT DEINER ERNTE KOMBINIEREN KANNST.

FÜR 2 PERSONEN

4 Eier
4 EL Sahne
Salz
Cayennepfeffer
frisch geriebene Muskatnuss
1 Handvoll Brennnesselspitzen
1 Handvoll Giersch
1 Handvoll bunte Mangoldstängel
1 TL Butter
1 EL feine Zwiebelwürfel

1. Die Eier mit der Sahne, etwas Salz, Cayennepfeffer und Muskatnuss in einer Schüssel verquirlen.

2. Brennnessel, Giersch und Mangold waschen und trocken schütteln. Brennnesselspitzen und Gierschblätter abzupfen und fein hacken. Den Mangold in kleine Würfel schneiden.

3. In einer Pfanne die Butter erhitzen und die Zwiebelwürfel darin glasig dünsten. Die Ei-Sahne-Mischung gleichmäßig in die Pfanne zu den Zwiebelwürfeln gießen und Brennnessel, Giersch und Mangold darüber verteilen. Das Mangold-Omelett bei schwacher Temperatur stocken lassen – gern auch mit Deckel darauf.

ZUCCHINICARPACCIO
MIT BERBERITZEN

PSST! ICH HAB DAS JA HIER AN EINER ANDEREN STELLE SCHON EINMAL VERRATEN: ZUCCHINI KANN MAN AUCH GANZ GUT KAUFEN. ABER BITTE NICHT MEINEM VERLEGER WEITERSAGEN.

FÜR 4 PERSONEN

1 gelbe Zucchini
1 grüne Zucchini
1 EL getrocknete Berberitzen
Saft und abgeriebene Schale von 1 Bio-Limette
2 EL Olivenöl
Salz
Zucker
Cayennepfeffer
1 TL geröstete Mandelblättchen (nach Belieben)
etwas gehackter Thymian (nach Belieben)

1. Beide Zucchini putzen, waschen und mit dem Gemüsehobel längs in dünne Streifen schneiden. Abwechselnd die grünen und gelben Streifen fächerförmig nebeneinander auf einer Servierplatte auslegen.

2. Die Berberitzen in einem kleinen Topf mit 1 EL Wasser aufkochen. Vom Herd nehmen und mit Limettensaft und -schale, Olivenöl, Salz, Zucker und Cayennepfeffer vermischen.

3. Diese Vinaigrette über den Zucchinifächern verteilen und das Carpaccio nach Belieben mit Mandelblättchen und Thymian verfeinern.

PASTINAKENPÜREE
AUS DEM OFEN

BUCKETLIST MARIA: TOLLES RESTAURANT AUFMACHEN. ABGEHAKT. MICHELINSTERN: ABGEHAKT. MÖGLICHST ALLES FÜRS RESTAURANT IM EIGENEN GARTEN ANBAUEN: ABGEHAKT. IMKERN … AH JA, IMKERN FEHLT NOCH.

FÜR 4 PERSONEN

1 kg Pastinaken
2–3 EL Honig
Salz
Cayennepfeffer
frisch geriebene Muskatnuss

1. Den Backofen auf 150 °C vorheizen. Die Pastinaken putzen, schälen und auf einem Backblech im Ofen auf der mittleren Schiene etwa 30 Minuten backen.

2. Die gebackenen Pastinaken mit Honig, Salz, Cayennepfeffer und 1 guten Prise Muskatnuss würzen und mit dem Stabmixer oder im Küchenmixer zu einem sämigen Püree mixen, dabei gegebenenfalls etwas Wasser hinzufügen.

mein Tipp

Das Püree ist ein perfekter Begleiter in der kalten Jahreszeit und passt zu deftigen Schmorgerichten. Oder du servierst es solo als vegetarisches Gericht.

BUNTES MANGOLDGEMÜSE
MIT HONIG

UNNÜTZES WISSEN: AUCH WENN MANGOLD OFT STATT SPINAT VERWENDET WIRD, HAT ER MIT SPINAT HERZLICH WENIG AM HUT! IN DER TAT IST ER EIN VERWANDTER DER ZUCKERRÜBE, WAS MAN IHM SO ABER NUN AUCH WIEDER NICHT ANSCHMECKT.

FÜR 2 PERSONEN

½–1 rote Chilischote (Menge nach Belieben)
1 Knoblauchzehe
250 g bunter Mangold
Butter zum Braten
Salz
frisch geriebene Muskatnuss
Saft von 1 Limette
2 EL Kastanienhonig

1. Die Chilischote längs halbieren, entkernen, waschen und in feine Würfel schneiden. Den Knoblauch schälen und in feine Würfel schneiden. Den Mangold putzen, waschen und trocken schütteln. Die Blätter abschneiden und in dünne Streifen, die Stiele etwas gröber in Rauten schneiden.

2. Damit das Gemüse kein Wasser zieht, muss jetzt alles sehr schnell gehen: In einer Pfanne etwas Butter erhitzen und die Mangoldstiele darin andünsten. Kräftig mit Chili, Salz und Muskatnuss würzen. Die Mangoldblätter mit dem Knoblauch hinzufügen, kurz durchschwenken und mit Limettensaft ablöschen. Mit dem Honig abschmecken.

3. Das Gemüse sofort servieren, damit die Farbe bestmöglich erhalten bleibt.

mein Tipp

Das bunte Mangoldgemüse mit Honig schmeckt zu kurz gebratenem Fleisch oder Fisch, aber auch einfach nur zu Kartoffelpüree.

BUNTES LINSENGEMÜSE
À LA BACHSTELZE

HÜLSENFRÜCHTE WIE LINSEN SIND JA GERADE DER HEISSE SCH… UND WEISST DU WAS? ZU RECHT! SO UNSCHEINBAR WIE DIE KLEINEN DINGER DAHERKOMMEN, SO VIELFÄLTIG LASSEN SIE SICH IN DER KÜCHE VERWENDEN – ZUM BEISPIEL FÜR DIESES SCHNELLE GEMÜSE.

FÜR 4 PERSONEN

100 g Belugalinsen
100 g rote Linsen
1 EL Honig
1 EL Essigessenz
5 EL Olivenöl
Cayennepfeffer
1 große Möhre
1 Pastinake
1 Chilischote
Salz
Zucker
1 Stück frische Meerrettichwurzel

1. Die beiden Linsensorten separat in Wasser garen, abgießen, abtropfen lassen und in einer Schüssel mischen. Noch heiß mit Honig, Essigessenz und 4 EL Olivenöl marinieren und mit Cayennepfeffer würzen.

2. Die Möhre und die Pastinake putzen, schälen und in kleine Würfel schneiden. Die Chilischote längs halbieren, entkernen, waschen und in feine Würfel schneiden. Alles in einer Pfanne im restlichen Olivenöl kurz anbraten, dann unter die Linsen mischen. Das Gemüse mit Salz und Zucker abschmecken.

3. Das Gemüse mit frisch geriebenem Meerrettich garniert servieren.

mein Tipp

Das Linsengemüse schmeckt warm als Beilage oder lauwarm bzw. abgekühlt als Salat. Wenn du magst, kannst du noch etwas gehackten Koriander und Minze untermischen. Das verleiht dem Salat noch eine besonders frische Note.

meine

HAUPT-GERICHTE

GEMÜSE SOLO? SCHMECKT FEIN! GEMÜSE MIT EINEM GUTEM STÜCK FLEISCH ODE FISCH? SCHMECKT AUCH FEIN! JETZT MUSST DU DICH NUR NOCH ENTSCHEIDEN!

GNOCCHI
MIT BUNTER BETE

MARIA UND DIE GARTENGEMEINDE SPRECHEN IHRE GEBETE:
MÖGEN BEZAUBERNDE BETE KOMMEN IN UNSERE BEWUNDERNSWERTEN BEETE.
DANN FEIERT DIE KARTOFFEL EINE FETE. AMEN.

FÜR 4 PERSONEN

Für die Gnocchi:
- 600 g mehligkochende Kartoffeln
- Salz
- 2 Eigelb
- 80 g Mehl
- 20 g Hartweizengrieß
- frisch geriebene Muskatnuss
- Cayennepfeffer
- Mehl für die Arbeitsfläche

Außerdem:
- 1 Ringelbete
- 1 Rote Bete
- 2 Spritzer Zitronensaft
- Salz
- Olivenöl zum Verfeinern
- 30 g Walnusskerne
- einige Stiele Gartenkräuter (nach Wahl)
- 2 EL Butter
- 1 Knoblauchzehe
- 2 EL Petersilienpesto (siehe S. 135)

1. Für die Gnocchi die Kartoffeln waschen und mit Schale in Salzwasser weich garen. Abgießen, gut ausdämpfen lassen und pellen. Noch heiß durch die Kartoffelpresse in eine Schale drücken. Eigelbe, Mehl und Hartweizengrieß dazugeben und alles zu einem klebrigen Teig verarbeiten. Mit etwas Salz, Muskatnuss und Cayennepfeffer würzen.

2. Den Teig auf der bemehlten Arbeitsfläche in 3 Portionen teilen und jede Teigportion zu einer langen, dünnen Stange rollen. Gnocchi in der gewünschten Größe abstechen.

3. Die beiden Beten putzen, schälen und separat roh verarbeiten, also entweder in dünne Scheiben hobeln, raspeln oder in kleine Würfel schneiden. Die Beten jeweils mit 1 Spritzer Zitronensaft, Salz und etwas Olivenöl würzen.

4. Die Walnüsse in einer Pfanne ohne Fett rösten. Die Kräuter waschen, trocken schütteln und etwas zerkleinern.

5. Die Gnocchi in einer Pfanne in der Butter mit der Knoblauchzehe rundum goldbraun braten. Mit den Beten auf Tellern anrichten, diese aber nicht untermixen, da die Rote Bete sonst alles rosa färbt. Mit Petersilienpesto, gerösteten Walnüssen und Kräutern toppen.

mein Tipp

Nach Belieben kannst du die Beten auch gegart weiterverarbeiten.

POCHIERTE EIER
MIT SPINAT UND KARTOFFELPÜREE

EIGENE KARTOFFELN ZU HABEN IST EIN UNBESCHREIBLICHER MEHRWERT. TOLL, WENN DU DEN PLATZ FÜR VERSCHIEDENE SORTEN HAST. WENN NICHT: MEHLIGKOCHENDE SIND MANCHMAL SCHWIERIGER ZU BEKOMMEN, ALSO PFLANZE ZUMINDEST SIE.

FÜR 2 PERSONEN

500 g mehligkochende Kartoffeln
Salz
60 g Nussbutter (siehe Tipp)
80 ml Milch
frisch geriebene Muskatnuss
2 EL Essigessenz
4 Eier
200 g junge Spinatblätter
Butter zum Braten
1 EL grober Senf
Cayennepfeffer
1 Msp. Knoblauchpaste (selbst gemacht; siehe Tipp S. 107)

1. Die Kartoffeln schälen, waschen und in Salzwasser weich garen. Abgießen und durch die Kartoffelpresse in eine Schüssel drücken. Nussbutter und Milch unterrühren und das Püree mit Salz und etwas Muskatnuss würzen.

2. Etwa 2 l Wasser in einem weiten Topf zum Kochen bringen und die Essigessenz hineingeben, die Hitze etwas reduzieren. Mit einem Kochlöffel kreisförmig in eine Richtung rühren, bis das Wasser sich dreht. Die Eier einzeln in eine Tasse aufschlagen und unter Rühren sanft in den siedenden „Wasserstrudel" gleiten lassen. Die Eier darin etwa 4 Minuten ziehen lassen. Die Eier mit dem Schaumlöffel vorsichtig aus dem Wasser heben und kurz kalt abschrecken – dadurch wird der Garprozess unterbrochen.

3. Den Spinat verlesen, waschen und trocken schleudern. Wenig Butter in einer Pfanne erhitzen und den Spinat darin nur wenige Sekunden andünsten. Mit Muskatnuss, Salz, Cayennepfeffer und Knoblauchpaste abschmecken.

4. Das Kartoffelpüree mit dem Spinat auf Teller verteilen und die pochierten Eier darauf anrichten.

mein Tipp

So machst du Nussbutter:
250 g Butter in einem Topf bei schwacher Hitze langsam zerlassen. Dann bei mittlerer Hitze etwa 10 Minuten goldbraun köcheln lassen. Ein Sieb mit Küchenpapier auslegen und die Butter nach und nach durch das Sieb in eine Schüssel laufen lassen. Abkühlen lassen und in ein sauberes Schraubglas füllen. Die Nussbutter hält sich im Kühlschrank mehrere Wochen.

SAIBLINGSFILET
AN VANILLEZWIEBELN

VANILLE UND FISCH? JETZT WUNDERST DU DICH VIELLEICHT, DOCH DIE BEIDEN PASSEN HERVORRAGEND ZUSAMMEN, DU DARFST ES NUR NICHT ÜBERTREIBEN. HIER REICHT DEFINITIV EINE HALBE SCHOTE.

FÜR 4 PERSONEN

½ Vanilleschote
2–3 Frühlingszwiebeln
30 g Butter
Salz
Zucker
Cayennepfeffer
1 Schuss Noilly Prat
600 g Saiblingsfilet (mit Haut)
grobe Salzflocken
etwas Schmand (nach Belieben)

1. Die Frühlingszwiebeln putzen, waschen und der Länge nach halbieren. Die Hälften noch mal halbieren. Die Vanilleschote längs aufschneiden und das Mark mit einem spitzen Messer herauskratzen.

2. Etwas Butter in einer Pfanne erhitzen und die ausgekratzte Vanilleschote und das Vanillemark hinzufügen. Die Frühlingszwiebeln in die Vanillebutter gleiten lassen und einige Minuten bei mittlerer Hitze andünsten. Mit Salz, Zucker und Cayennepfeffer würzen. Zum Schluss mit Noilly Prat ablöschen und eine Flocke Butter hinzufügen.

3. Das Saiblingsfilet waschen, trocken tupfen und in 4 Portionen teilen. Die restliche Butter in einer zweiten Pfanne erhitzen und das Saiblingsfilet darin auf der Hautseite anbraten. Dann wenden und bei schwacher Hitze gar ziehen lassen. Mit groben Salzflocken würzen.

4. Das Saiblingsfilet mit den Vanillezwiebeln auf Tellern anrichten. Nach Belieben mit Schmandtupfen garnieren. Dazu passen gegarte Frühkartoffeln mit Schale – am besten natürlich aus dem eigenen Garten.

GEBEIZTE LACHSFORELLE
MIT DILL

DILL, MÖGEN MANCHE DENKEN, WÄCHST IN NORWEGEN AM FJORD. WEIL ER SO PERFEKT ZU LACHS ODER FORELLE PASST. TATSÄCHLICH STAMMTE ER EINST AUS ASIEN UND FAND ÜBER MÖNCHSGÄRTEN SEINEN WEG IN UNSERE BREITEN.

FÜR 4–6 PERSONEN

1 kg Zucker
1 kg Salz
500 g Lachsforellenfilet (Mittelstück, mit Haut)
100 g Dill
1 Bio-Orange

1. Den Zucker und das Salz in einer Form, die groß genug für das Lachsforellenfilet ist, mischen.

2. Das Lachsforellenfilet waschen und trocken tupfen. Den Dill waschen und trocken schütteln, die Spitzen abzupfen und fein hacken. Den Dill auf der Fleischseite des Lachses verteilen und mit dieser Seite auf das Zucker-Salz-Gemisch legen.

3. Die Orange waschen, trocken tupfen, in Scheiben schneiden und auf dem Lachs verteilen. Mit Frischhaltefolie bedecken und 2 bis 3 Tage im Kühlschrank ziehen lassen. Anschließend den Fisch unter kaltem Wasser abspülen und hauchdünn geschnitten servieren.

mein Tipp

Eigenlich ist gebeizter Lachs ja eine klassische Vorspeise, die traditionell mit Weißbrot und einem Senf-Dill-Dip serviert wird. Ich mache ja aber Dinge gern etwas anders: Bei mir kommen noch leckere Kartoffeln mit dran, und so wird daraus ein feines Hauptgericht.

PETERSILIENPESTO
MIT WALNÜSSEN

DIESE WÜRZPASTE IST FÜR MICH EIN ALLROUNDER. DORT, WO DER LETZTE KICK FEHLT, WIRD EINFACH MIT ETWAS PETERSILIENPESTO ERGÄNZT. EGAL OB SUPPE, PASTA ODER ALS SOSSENERSATZ.

FÜR 4 PERSONEN

- 200 g Petersilie
- 100 g Walnusskerne
- 50 g Hartkäse nach Wahl (z. B. Pecorino)
- 100 ml Traubenkernöl

1. Die Petersilie waschen und trocken schütteln, die Blätter abzupfen. Die Walnüsse in einer Pfanne ohne Fett rösten. Den Käse grob reiben.

2. Alles mit 90 ml Öl in den Küchenmixer geben und kräftig mixen, bis eine sämige Masse entsteht. Oder mit dem Stabmixer pürieren.

3. Das Pesto in ein Glas abfüllen, oben mit dem restlichen Öl versiegeln und im Kühlschrank aufbewahren. Das Pesto ist so mehrere Wochen haltbar.

mein Tipp

Das Petersilienpesto kannst du statt mit Walnüssen auch mit Pinienkernen oder Mandeln zubereiten. Und es schmeckt übrigens auch lecker als Brotaufstrich!

PESTO VON KAROTTENGRÜN
MIT MANDELN

DIE ALTERNATIVE FÜR ALLE, DIE SICH KEIN KANINCHEN ANSCHAFFEN MÖCHTEN ODER, AUS PLATZGRÜNDEN, KÖNNEN: DAS KAROTTENGRÜN EINFACH SELBST ZU EINEM SCHNELLEN PESTO VERARBEITEN UND VERZEHREN.

FÜR 2 PERSONEN

200 g Grün von kleinen Babymöhren
100 g Mandeln
50 g Parmesan (am Stück)
100 ml kalt gepresstes Rapsöl

1. Das Grün von den Möhren abschneiden, waschen und trocken schütteln. Die Mandeln in einer Pfanne ohne Fett rösten, dabei darauf achten, dass sie nicht anbrennen. Den Parmesan grob reiben.

2. Alle Zutaten mit 90 ml Öl in den Küchenmixer geben und kräftig durchmixen, bis eine sämige Masse entsteht. Oder mit dem Stabmixer pürieren.

3. Das Pesto in ein Glas abfüllen, oben mit dem restlichen Öl versiegeln und im Kühlschrank aufbewahren. Das Pesto ist so mehrere Wochen haltbar.

mein Tipp

Für dieses Pesto eignet sich besonders das junge Grün von Möhren und passt somit zu allen Highlights, die der Frühling so zu bieten hat.

FRÜHLINGSPESTO
MIT HASELNÜSSEN

NA KLAR: WENN EINES AUS DEINER ERNTE WERDEN MUSS, DANN IST DAS EIN FANTASTISCHES PESTO. BEI DEM DU BESTIMMST, WAS DRIN IST. MEINE FAVORITEN SIND RADIESCHENGRÜN UND WILDKRÄUTER WIE GIERSCH UND VOGELMIERE.

FÜR 4 PERSONEN

- 50 g Radieschengrün
- 50 g Giersch
- 50 g Vogelmiere
- 20 g Knoblauchrauke
- 50 g geschälte Haselnusskerne
- 80 g Parmesan (am Stück)
- 100 ml Haselnussöl

1. Das Radieschengrün und die Kräuter waschen, trocken schütteln und klein schneiden. Die Haselnüsse in einer Pfanne ohne Fett rösten , dabei darauf achten, dass sie nicht anbrennen. Den Parmesan reiben.

2. Alles mit 90 ml Öl in den Küchenmixer geben und kräftig durchmixen, bis eine sämige Masse entsteht. Oder mit dem Stabmixer pürieren.

3. Das Pesto in ein Glas abfüllen, oben mit dem restlichen Öl versiegeln und im Kühlschrank aufbewahren. Das Pesto ist so mehrere Wochen haltbar.

mein Tipp

Das Pesto schmeckt klassisch zu Nudeln, aber auch super zu Quark oder als Brotaufstrich. Probier es doch mal auf meiner Focaccia von S. 112. Damit du lang was davon hast: Mit einem sauberen Löffel die benötigte Menge abnehmen, restliches Pesto im Glas glatt streichen und wieder mit Öl bedecken.

GEBRATENE HÜHNERLEBER

MIT RHABARBERGEMÜSE

SAGT MAN NICHT MANCHMAL UMGANGSSPRACHLICH FÜR DUMMES GESCHWÄTZ „LABER-RHABARBER“? HIERÜBER WIRST DU NUR GUTES ZU BERICHTEN HABEN: HIER IST „LEBER-RHABARBER“.

FÜR 4 PERSONEN

600 g Hühnerleber
2 große Stangen Rhabarber
100 g junger Blattspinat
Butter zum Braten
Zucker
1 kleiner Schuss Rote-Bete-Saft
gereifter Aceto balsamico
grobe Salzflocken
Cayennepfeffer

1. Die Leber putzen, waschen, trocken tupfen und in 4 Stücke schneiden. Den Rhabarber putzen, dabei die Fäden abziehen. Die Stangen waschen und in Stücke schneiden. Den Spinat verlesen, waschen und trocken schleudern.

2. In einer Pfanne etwas Butter erhitzen und den Rhabarber darin scharf anbraten. Mit etwas Zucker bestreuen und nochmals durchschwenken. Mit dem Rote-Bete-Saft ablöschen. Zum Schluss den Spinat unterheben und zusammenfallen lassen.

3. In einer zweiten Pfanne etwas Butter erhitzen und die Hühnerleber darin auf beiden Seiten kurz anbraten. Mit Balsamico ablöschen und mit Salz und Cayennepfeffer kräftig abschmecken.

4. Das Rhabarbergemüse auf Teller verteilen und die gebratene Hühnerleber darauf anrichten.

GEBRATENE ENTENBRUST
MIT PFEFFERERDBEEREN

ERDBEEREN MIT EINEM SCHUSS BALSAMICO SIND LÄNGST KEIN GEHEIMTIPP MEHR. ENTENBRUST MIT ERDBEEREN HINGEGEN SCHON. UND ERDBEEREN MIT ENTENBRUST UND BALSAMICO: DAS PERFEKTE TRIELL.

FÜR 4 PERSONEN

4 kleine weibliche Entenbrüste (mit Haut)
1 TL Butter
40 g dunkle Hirse
Salz
200 g Erdbeeren
1 EL Honig
Cayennepfeffer
12 Kubebenpfefferkörner
1 Schuss gereifter Aceto balsamico
Zucker
100 g griechischer Joghurt

1. Den Backofen auf 180 °C vorheizen. Die Entenbrüste waschen, trocken tupfen und in einer Pfanne auf der Hautseite in der Butter goldgelb anbraten. Wenden und nur wenige Sekunden auf der Fleischseite braten. Die Entenbrüste im Ofen auf einem Ofengitter auf der mittleren Schiene etwa 5 Minuten braten. Die Temperatur auf 80 °C reduzieren und die Backofentür kurz öffnen, damit die Hitze entweichen kann. Die Entenbrüste weitere 15 Minuten gar ziehen lassen.

2. Inzwischen die Hirse nach Packungsanweisung in ausreichend Salzwasser 10 Minuten köcheln, und im Anschluss noch quellen lassen.

3. Die Erdbeeren putzen, waschen und halbieren. Mit Honig und Cayennepfeffer marinieren. Die Kubebenpfefferkörner in einer Pfanne ohne Fett kurz anrösten. Die Erdbeeren mit dem Pfeffer verfeinern.

4. Die gequollene Hirse mit Balsamico, Zucker, Salz und Cayennepfeffer abschmecken. Die Entenbrustfilets mit den Pfeffererdbeeren anrichten und die Erdbeeren mit Hirse und Joghurt garnieren. Nach Belieben mit Korianderstielen und Stangenselleriescheiben garnieren.

REHRÜCKEN MIT BROMBEERGEL
UND SERVIETTENKNÖDELN

NOCH SO EIN KULINARISCHES HIGHLIGHT: WILD UND FRÜCHTE! VIELLEICHT KENNST DU JA DIE SITTE, EINE MIT PREISELBEEREN GEFÜLLTE BIRNENHÄLFTE ZU WILDGERICHTEN ZU SERVIEREN? BEI MIR DÜRFEN BROMBEEREN DEN GEBRATENEN REHRÜCKEN BEGLEITEN.

FÜR 2 PERSONEN

Für die Serviettenknödel:
1 Schalotte • ca. 3 EL Butter
200 g altes Brot (oder Brötchen)
50 ml Milch • 1 Ei • Zucker
Salz • Cayennepfeffer
frisch geriebene Muskatnuss
1 Msp. Knoblauchpaste (selbst gemacht; siehe S. 107)

Für Gel und Couscous:
200 ml frisch gepresster Brombeersaft
1 Msp. Agar-Agar
50 g Couscous • 1 EL Öl

Für den Rehrücken:
2 große Zweige Thymian
350 g ausgelöster Rehrücken
ca. 50 g Butter
1 Schuss dunkler Portwein
je 30 g Brombeeren und geröstete Walnusskerne

1. Für die Serviettenknödel Schalotte schälen, in feine Würfel schneiden und in 1 EL Butter bei schwacher Hitze glasig dünsten. Das Brot in etwa walnussgroße Stücke schneiden. Mit der Milch übergießen und die Schalottenwürfel untermischen. Masse im Kühlschrank etwa 24 Stunden durchziehen lassen.

2. Am nächsten Tag das Ei zur Knödelmasse hinzufügen. Kräftig mit 1 Prise Zucker, Salz, Cayennepfeffer, Muskatnuss und Knoblauchpaste würzen, gut verkneten, als dicke Rolle auf eine Lage Frischhaltefolie betten und wie ein Bonbon zusammenrollen. Zum äußeren Schutz noch eine Lage Alufolie darum herumwickeln. In einem mittelgroßen Topf Wasser zum Sieden bringen und die Knödelrolle darin etwa 25 Minuten gar ziehen lassen. Herausnehmen, nach Belieben portionieren und in der restlichen zerlassenen Butter schwenken.

3. Für das Brombeergel 120 ml Brombeersaft mit dem Agar Agar aufkochen, nach Belieben würzen, auf ein kleines Backblech gießen und auskühlen lassen. Mit dem Stabmixer durchpürieren, und schon hat man ein wunderbares Gel.

4. Für den Rehrücken den Backofen auf 180 °C vorheizen. Ein kleines Backblech mit dem Thymian belegen. Das Fleisch waschen, trocken tupfen und sehr kurz von allen Seiten in etwa 20 g Butter anbraten. Auf das Blech legen und im Ofen auf der mittleren Schiene 5 Minuten garen. Herausnehmen und vor dem Anschneiden bei Zimmertemperatur noch 10 Minuten ruhen lassen.

5. In der Pfanne den Bratsatz mit dem Portwein aufgießen, kurz einköcheln lassen und mit kalten Butterflöckchen binden. Für den Couscous den restlichen Brombeersaft kräftig würzen, aufkochen, das Öl hinzufügen, zur Seite ziehen und den Couscous hineingeben. Den Couscous etwa 5 Minuten ziehen lassen und dann mit einer Gabel auflockern. Alle Komponenten anrichten und mit Brombeeren und Walnüssen dekorieren.

GESCHMORTE KALBSBACKE
MIT ZITRONENPÜREE

ES LOHNT SICH, BEIM METZGER DES VERTRAUENS KALBSBACKEN VORZUBESTELLEN, DA SIE HEUTE KAUM NOCH EINER VORRÄTIG HAT. ALTERNATIV GIBT ES INZWISCHEN AUCH WIRKLICH GUTE LIEFERANTEN IM INTERNET, DIE DIR FLEISCH IN KÜHLBOXEN LIEFERN.

FÜR 4 PERSONEN

Für die Kalbsbacken:
2 Möhren
1 große Zwiebel
1 Stange Lauch
1 Stück Knollensellerie
4 Knoblauchzehen
4 Kalbsbacken
Öl zum Braten
Salz • Cayennepfeffer
1 TL Tomatenmark
1 l Rotwein
3 Pimentkörner
3 Wacholderbeeren
1 getrocknetes Lorbeerblatt

Für das Zitronenpüree:
4 große mehligkochende Kartoffeln
80 g Schmand • Salz
frisch geriebene Muskatnuss
1 Bio-Zitrone

Für das Topping:
16 Himbeeren • 1 Steinpilz

1. Für die Kalbsbacken das Gemüse putzen, schälen bzw. waschen und in Stücke schneiden. Den Knoblauch schälen.

2. Die geputzten Kalbsbacken in einer sehr heißen Pfanne in etwas Öl von allen Seiten anbraten. Mit Salz und Cayennepfeffer würzen.

3. Das Gemüse mit dem Knoblauch separat in einem großen Topf anrösten. Das Tomatenmark hinzufügen, kurz mitrösten und mit dem Wein ablöschen. Die angebratenen Kalbsbacken, Piment, Wacholder und Lorbeerblatt hinzufügen und alles bei schwacher Hitze 2 bis 3 Stunden schmoren lassen. Falls nötig, noch etwas Wasser hinzufügen.

4. Für das Zitronenpüree die Kartoffeln schälen, waschen und in leicht gesalzenem Wasser weich garen. Abgießen und noch heiß durch die Kartoffelpresse drücken. Kartoffelschnee mit dem Schmand vermischen und mit Salz und 1 Prise Muskatnuss abschmecken.

5. Die Zitrone heiß waschen, trocken reiben und die Schale fein abreiben. Den Saft auspressen. Zitronenschale und -saft kurz vor dem Servieren unter das Püree mischen.

6. Die Kalbsbacken aus der Sauce nehmen, mit dem Zitronenpüree anrichten und mit etwas Sauce beträufeln. Für das Topping die Himbeeren verlesen, und waschen. Den Steinpilz in feine Scheiben hobeln. Die Kalbsbacken mit den Himbeeren, den Steinpilzscheiben und nach Belieben Zitronenzesten toppen.

KALBSTAFELSPITZ
AN GEMISCHTEM BOHNENGEMÜSE

WER TAFELSPITZ KOCHT, MUSS AUCH MIT DEN FOLGEN RECHNEN: EINER GROSSARTIGEN KALBSBRÜHE ALS GRUNDLAGE FÜR DAS ESSEN AM NÄCHSTEN TAG, ZUM BEISPIEL EINEN EINTOPF.

FÜR 4 PERSONEN

- 2 Möhren
- 1 Pastinake
- 1 Zwiebel
- 2 Knoblauchzehen
- 1 kleiner Kalbstafelspitz (ca. 1 kg)
- Salz
- 50 g Butter
- 2 Lorbeerblätter
- 5 Pfefferkörner
- Zucker
- Cayennepfeffer
- 400 g grüne Bohnen (gern gemischt)
- einige Stiele Kräuter nach Wahl (ich nehme Bohnenkraut und frischen Majoran)
- etwas frisch geriebener Meerrettich
- Gewürztagetes und Petersilie für die Deko (nach Belieben)

1. Die Möhren und die Pastinake putzen, schälen und klein schneiden. Die Zwiebel und den Knoblauch schälen und in kleine Würfel schneiden.

2. Den Kalbstafelspitz salzen und in einer Pfanne mit 30 g Butter rundum goldbraun anbraten. Das Fleisch in einen großen Topf geben, Möhren, Pastinake, Zwiebel, Knoblauch, Lorbeerblätter und Pfefferkörner hinzufügen. Das Ganze mit Wasser bedecken. Alles einmal zum Kochen bringen und dann bei schwacher Hitze etwa 1 Stunde sanft köcheln lassen.

3. Die Bohnen putzen, waschen, in die gewünschte Form schneiden und in kochendem Salzwasser bissfest blanchieren. In ein Sieb abgießen, eiskalt abschrecken und abtropfen lassen. Die Kräuter waschen und trocken schütteln, die Blätter abzupfen und fein hacken.

4. Zum Servieren die Bohnen in einer Pfanne in der restlichen Butter schwenken und kräftig mit Salz, Zucker und Cayennepfeffer würzen. Die gehackten Kräuter untermischen.

5. Den Kalbstafelspitz aus der Brühe nehmen, in Scheiben schneiden und mit dem Bohnengemüse anrichten. Mit Meerrettich bestreuen und nach Belieben mit Gewürztagetes und Petersilie garnieren.

GEBRATENER LAMMRÜCKEN
MIT APRIKOSEN

FLEISCH UND FRÜCHTE SIND IN DER ARABISCHEN MITTELMEERKÜCHEN EINE SEIT URZEITEN ETABLIERTE KOMBI, DIE EINFACH STIMMIG IST. MEIN FAVORIT DABEI IST LAMM MIT APRIKOSEN – WETTEN, DASS DU AUCH BEGEISTERT SEIN WIRST?

FÜR 4 PERSONEN

- 30 g Salbei
- 800 g Lammkarree
- Öl zum Braten
- ca. 40 g Butter
- 150 g Aprikosen
- Zucker
- Salz
- Cayennepfeffer
- Ringelblumen für die Deko (nach Belieben)

1. Den Backofen auf 180 °C vorheizen. Den Salbei waschen, trocken schütteln und als „Bett" auf einem Backblech verteilen.

2. Das Lammkarree waschen, trocken tupfen und in einer Pfanne in wenig Öl rundum kräftig anbraten. Das angebratene Karree auf den Salbei legen und 1 Flocke Butter (etwa 20 g) daraufgeben.

3. Das Lammkarree im Ofen auf der mittleren Schiene etwa 15 Minuten garen. Die Temperatur auf 50 °C herunterschalten und die Ofentür 5 Minuten öffnen, damit die Hitze entweichen kann. Das Lammkarree im Ofen mindestens 20 Minuten entspannen lassen.

4. Die Aprikosen waschen, halbieren und entsteinen. In einer Pfanne in der restlichen Butter bei starker Hitze kurz anbraten. Mit 1 Prise Zucker, einem Hauch Salz und kräftig mit Cayennepfeffer abschmecken.

5. Das Lamm in dickere Scheiben schneiden und mit den gebratenen Aprikosen und dem Salbei auf Tellern anrichen. Nach Belieben Ringelblumenblüten als optisches Highlight dazu arrangieren.

KANINCHENRÜCKEN
MIT GESCHMORTEM FENCHEL

KANINCHENFLEISCH IST SCHWER ZU BEKOMMEN, DAHER BESTELLE ES AM BESTEN BEIM METZGER DEINES VERTRAUENS. ALTERNATIV KANNST DU DAS FENCHELGEMÜSE AUCH ZU ANDEREM KURZGEBRATENEN FLEISCH ODER FISCH SERVEREN.

FÜR 4 PERSONEN

2 Fenchelknollen
100 g Butter
Zucker
Salz
Cayennepfeffer
1 Schuss Pernot (Anisée)
8 Kaninchenfilets (à ca. 80 g)
1 Apfel
1 Stiel Rosmarin
Saft und abgeriebene Schale von ½ Bio-Zitrone
Bergpfeffer
100 g saure Sahne

1. Den Backofen auf 160 °C vorheizen. Den Fenchel putzen, waschen und längs achteln. In einer Pfanne in etwa 30 g Butter von allen Seiten kurz scharf anbraten und mit Zucker, Salz und Cayennepfeffer kräftig würzen.

2. Die Fenchelachtel in eine Auflaufform geben, den Pernot darübergießen und 2 EL Butter hinzufügen. Den Fenchel im Ofen auf der mittleren Schiene etwa 30 Minuten garen.

3. Inzwischen die Kaninchenfilets waschen und trocken tupfen. Den Apfel waschen, vierteln und entkernen. Die Viertel nochmals halbieren. Den Rosmarin waschen und trocken tupfen.

4. Die restliche Butter in einer großen Pfanne erhitzen und das Fleisch darin mit Apfelschnitzen und Rosmarin bei mittlerer Hitze rundum goldbraun anbraten. Die Pfanne vom Herd nehmen und die Filets in der Resthitze gar ziehen lassen. Mit Salz und Cayennepfeffer würzen.

5. Die Kaninchenfilets mit dem geschmorten Fenchel und den Apfelspalten auf Tellern anrichten. Mit Salz und Cayennepfeffer und 1 Spritzer Zitronensaft abrunden. Den Fenchel mit Bergpfeffer und Zitronenschale bestreuen. Die saure Sahne als Dip dazuservieren.

BACHSTELZE

GEBRATENER HIRSCHRÜCKEN
MIT PETERSILIENWURZELN

EIN WEITERES BEISPIEL DAFÜR, DASS ES SICH LOHNT, VERSCHIEDENE DINGE VOM ÄHNLICHEN ANZUBAUEN. WIE BITTE? ICH MEINE: GLATTE, KRAUSE, ABER EBEN AUCH WURZELPETERSILIE. IN DER TAT IST DAS EINE EIGENE ART, BEI DER DIE WURZEL DEUTLICH AUSGEPRÄGTER IST.

FÜR 4 PERSONEN

300 g Petersilienwurzeln
Salz
Zucker
Cayennepfeffer
100 g Butter
100 g Holunderbeeren
50 ml Rotwein
etwas Kartoffelstärke
600 g Hirschrücken
1 Zweig Rosmarin
4 Steinpilze

1. Den Backofen auf 160 °C vorheizen. Die Petersilienwurzeln putzen, schälen und längs in Scheiben schneiden. Kräftig mit Salz, Zucker und Cayennepfeffer würzen und auf einem Backblech verteilen. Etwa 40 g Butter in Flocken darauf verteilen und Petersilienwurzeln im Ofen auf der mittleren Schiene etwa 25 Minuten backen. Die Petersilienwurzeln herausnehmen und die Ofentemperatur auf 180 °C hochschalten.

2. Die Holunderbeeren verlesen, waschen und die Beeren von den Rispen streifen. Den Rotwein in einem kleinen Topf erhitzen, 1 EL Zucker hinzufügen, aufkochen und mit der Kartoffelstärke abbinden. Die Holunderbeeren hinzufügen und einige Minuten köcheln lassen.

3. Den Hirschrücken in einer Pfanne in etwa 40 g Butter von allen Seiten kurz anbraten. Den Rosmarinzweig auf ein kleines Backblech legen, den Hirschrücken daraufsetzen und im Ofen etwa 6 Minuten garen. Aus dem Ofen nehmen und die Ofentemperatur auf etwa 80 °C herunterschalten. Sobald die Temperatur erreicht ist, die Petersilienwurzeln zum Hirschrücken geben und alles im Ofen weitere 20 Minuten gar ziehen lassen.

4. Kurz vor dem Servieren die Steinpilze in Scheiben schneiden und in einer Pfanne in der restlichen Butter anbraten. Mit etwas Salz würzen.

5. Den gebratenen Hirschrücken in Scheiben schneiden und mit den Petersilienwurzeln und den Steinpilzen auf Tellern anrichten. Die eingekochten Holunderbeeren dazu servieren.

meine

DESSERTS

WAS SÜSSES ZUM ABSCHLUSS? KLAR! JE NACH LUST UND ZEIT KOMMT BEI MIR VOM SCHNELLEN KOMPOTT BIS ZUM GEFÜLLTEN WINDBEUTEL ALLES AUF DEN TISCH.

APRIKOSENKOMPOTT
MIT LAVENDEL

DER LAVENDEL VERLEIHT DIESEM KOMPOTT SEINE EINZIGARTIGE NOTE. ABER VORSICHT: NICHT ÜBERDOSIEREN. MANCHE EMPFINDEN EBENDIESE NOTE DANN ALS BEINAHE KÜNSTLICH.

FÜR 4 EINMACHGLÄSER (à 250 ml)

1 Vanilleschote
1 kg Aprikosen
ca. 1 kg Zucker
1 Schuss Marillenschnaps
10 g frische Lavendelblüten

1. Die Vanilleschote längs aufschneiden und das Mark mit einem Messerrücken herauskratzen. Die Aprikosen waschen, vierteln und entsteinen.

2. Die Aprikosenviertel grob in Würfel schneiden und in einem Topf mit dem Zucker, Vanillemark und -schote sanft erhitzen und kurz köcheln lassen.

3. Das Aprikosenkompott mit Marillenschnaps und Lavendelblüten verfeinern. Noch heiß in sterilisierte Einmachgläser abfüllen. Das Kompott nach Belieben durch Einkochen länger haltbar machen (siehe Tipp S. 183).

STACHELBEERKOMPOTT

GANZ KLASSISCH

ICH MAG REZEPTE, BEI DENEN MAN BEREITS EINEN TAG IM VORAUS MIT DER ZUBEREITUNG BEGINNT, DAMIT BESTIMMTE PROZESSE IN GANG GEBRACHT WERDEN. DAS STEIGERT (AUCH ZEITLICH) DIE VORFREUDE.

FÜR 3 EINMACHGLÄSER (à 250 ml)

1 kg Stachelbeeren (helle oder rote)
1 kg Zucker
1 Vanilleschote

1. Am Vortag die Stachelbeeren putzen, waschen und in einer Schüssel mit dem Zucker bedecken. 1 Tag stehen lassen.

2. Am nächsten Tag die Vanilleschote längs aufschneiden und das Mark mit einem Messerrücken herauskratzen. Die Stachelbeeren in einem Topf mit Vanillemark und -schote sanft aufkochen und etwa 20 Minuten köcheln lassen.

3. Das Stachelbeerkompott noch heiß in sterilisierte Einmachgläser abfüllen. Nach Belieben durch Einkochen länger haltbar machen (siehe Tipp S. 183).

mein Tipp

Wenn du noch einen Schuss Rote-Bete-Saft zu den Stachelbeeren gibst, bekommt das Kompott eine schön intensive Farbe.

ERDBEERRAGOUT
MIT KÜRBISKERNÖL

ERDBEEREN EINMAL ANDERS. GANZ ANDERS. DIE WÜRZIG-HERBE NOTE VON KÜRBISKERNÖL WIRKT UNGEWOHNT, PASST ABER TOTAL. GANZ MUTIGE PACKEN NOCH GEBACKENEM SALBEI OBENDRAUF.

FÜR 4 PERSONEN

400 g Erdbeeren
4 EL steirisches Kernöl
2 EL Puderzucker
2 EL geröstete Kürbiskerne

1. Die Erdbeeren putzen, waschenund vierteln. Mit dem Kürbiskernöl und dem Puderzucker marinieren.

2. Die Kürbiskerne in einer Pfanne ohne Fett so lang rösten, bis sie zu duften beginnen. Dabei darauf achten, dass sie nicht verbrennen.

3. Das Erdbeerragout mit den gerösteten Kürbiskernen und nach Belieben gebackenen Salbeiblättern (siehe Tipp) anrichten.

meine Tipps

Fein dazu: gebackene Salbeiblätter. Dazu 4 große Salbeiblätter waschen und trocken tupfen. Etwa 30 g Butter in einer Pfanne bei mittlerer Hitze erhitzen und aufschäumen lassen. Die Salbeiblätter in der Butter ausbacken. Auf ein Küchentuch legen, um das überschüssige Fett aufzufangen. Die Salbeiblätter nach Belieben mit Puderzucker bestäuben.
Das Erdbeerragout schmeckt wunderbar zu frisch gebackenen Crêpes oder zu (selbst gemachtem) Vanilleeis.

GEFÜLLTE MINI-WINDBEUTEL
MIT ERDBEEREN UND MINZE

ZUGEGEBEN: HIER BRAUCHST DU NICHT UNBEDINGT EIGENE ERDBEEREN. ABER BITTE TU MIR DEN GEFALLEN: KAUF NUR WELCHE, WENN SIE AUCH BEI UNS WACHSEN, UND NICHT DIE TRIST SCHMECKENDE GANZJAHRESWARE.

FÜR 20 STÜCK

Für Brandmasse:
Salz
100 g Butter
200 g Mehl
4 Eier

Für die Füllung:
100 g Sahne
1 TL Zucker
250 g frische Erdbeeren
etwas Holundersirup (am besten selbst gemacht; siehe S. 173)
20 g Echte Pfefferminze

Außerdem:
Puderzucker zum Bestäuben (nach Belieben)

1. Für die Brandmasse den Backofen auf 210 °C vorheizen. Ein Backblech mit Backpapier belegen.

2. 240 ml Wasser mit 1 Prise Salz und der Butter aufkochen. Das Mehl sieben, auf einmal in die kochende Masse geben und kräftig rühren. Dafür am besten einen Holzlöffel benutzen. So lange rühren, bis sich die Masse vom Topfboden löst und ein trockener Klumpen entsteht. Die Hitze reduzieren.

3. Die Eier einzeln flott unter die Masse rühren. Die Brandmasse in einen Spritzbeutel mit großer Lochtülle füllen und etwa tischtennisballgroße Häufchen auf das Blech spritzen. Dabei genügend Abstand lassen, da die Masse im Ofen noch aufgeht.

4. Windbeutel im Ofen auf der mittleren Schiene etwa 15 Minuten goldbraun backen, dabei die Ofentür nicht öffnen, damit sie nicht zusammenfallen.

5. Für die Füllung die Sahne mit dem Zucker steif schlagen. Die Erdbeeren putzen, waschen und vierteln, mit 1 Schuss Holundersirup süßen. Die Pfefferminze waschen und trocken schütteln, die Blätter abzupfen und fein hacken. Unter die Erdbeeren mischen.

6. Die Windbeutel aus dem Ofen holen, sofort quer aufschneiden und auskühlen lassen. Auf den unteren Teil die Erdbeeren und die Sahne verteilen. Die Deckel wieder daraufsetzen – und fertig sind die Windbeutel. Nach Belieben mit Puderzucker bestäuben.

JOGHURTTÖRTCHEN

MIT HIMBEEREN

„ACH", SPRACH DIE HIMBEERE, „WIE NETT, EIN JOGHURTBETT!" UND SCHWUPS LAG SIE SCHON DRINNEN! DEINE GÄSTE KÖNNEN GARANTIERT AUCH NICHT WIEDERSTEHEN UND WERDEN SICH MIT BEGEISTERUNG AN DIE TÖRTCHEN MACHEN!

FÜR 8 TÖRTCHEN

Für den Mürbeteig:
100 g kalte Butterwürfel
2 Eigelb
80 g brauner Zucker
200 g Dinkelmehl (Type 630)

Für die Joghurtcreme:
½ Vanilleschote
300 g griechischer Joghurt
60 g Puderzucker

Außerdem:
Mehl für die Arbeitsfläche
Butter für die Förmchen
200 g Himbeeren
ca. 50 g Mandelblättchen
einige zarte Minzeblätter und Blüten nach Wahl (z.B. Wilde Möhre) für die Deko

1. Am Vortag für den Mürbeteig alle Zutaten zügig miteinander verkneten, bis ein homogener Teig entsteht. Zu einem Ziegel formen, in Frischhaltefolie wickeln und im Kühlschrank 24 Stunden ruhen lassen.

2. Am nächsten Tag den Backofen auf 180 °C vorheizen. 8 Tartelettförmchen (etwa 10 cm Durchmesser) mit Butter einfetten. Den Teig in 8 Portionen teilen, jede Portion auf der bemehlten Arbeitsfläche dünn zu einem Kreis in Förmchengröße ausrollen und die Förmchen damit auskleiden. Den Teig im Ofen auf der mittleren Schiene etwa 15 Minuten goldgelb backen.

3. Für die Joghurtceme die Vanilleschote längs aufschneiden und das Mark mit einem Messerrücken herauskratzen. Das Vanillemark mit den restlichen Zutaten verrühren.

4. Die Himbeeren verlesen und waschen. Die Mandelblättchen in einer Pfanne ohne Fett goldbraun rösten.

5. Die Tartelettböden aus den Förmchen lösen und Joghurtcreme und Himbeeren hineinfüllen. Mit den gerösteten Mandelblättchen, der Minze und den Blüten garnieren.

mein Tipp

Alternativ kannst du auch eine große Tarte (etwa 26 cm Durchmesser) backen.

APFELKUCHEN

MIT EIER-SAHNE-GUSS

APFELKUCHEN GEHT IMMER! VOR ALLEM, WENN ER SO FIX GEMACHT IST WIE DIESES REZEPT VON MEINER OMA. DAS GEHEIMNIS: DER TEIG DARF SICH VOR DEM BACKEN EINEN TAG AUSRUHEN. ALS DANK WIRD ER DANN BESONDERS MÜRBE.

FÜR 1 BACKBLECH

Für den Mürbeteig:
1 Vanilleschote
300 g Mehl
150 g Zucker
4 Eigelb
150 g Butter

Außerdem:
Butter und Zucker für das Blech
8 mittelgroße Äpfel
400 g Sahne
6 Eier

1. Für den Mürbeteig die Vanilleschote längs aufschneiden und das Mark mit einem Messerrücken herauskratzen. Das Vanillemark mit den restlichen Zutaten von Hand zu einem homogenen Teig verkneten. Zu einem Ziegel formen, in Frischhaltefolie wickeln und im Kühlschrank mindestens 2 Stunden, idealerweise 1 Tag ruhen lassen

2. Am nächsten Tag den Backofen auf 180 °C vorheizen. Das Backblech einfetten und mit Zucker bestreuen.

3. Die Äpfel schälen, halbieren und vorsichtig entkernen. Die Apfelhälften jeweils wie einen Fächer einschneiden. Den Mürbeteig auf dem Backblech ausrollen und die Apfelfächer darauflegen.

4. Die Sahne mit den Eiern verqirlen und den Guss über den Äpfeln verteilen. Den Apfelkuchen im Ofen auf der mittleren Schiene etwa 30 Minuten goldgelb backen.

meine

EINMACH-REZEPTE

INZWISCHEN EINE MEINER LIEBLINGS-BESCHÄFTIGUNGEN: GARTENSCHÄTZE FÜR DIE KALTE JAHRESZEIT KONSERVIEREN. NOCH LIEBER VERPUTZE ICH SIE ABER!

RHABABER-, HIMBEER-
UND HOLUNDERBLÜTENSIRUP

FÜR 2 GROSSE FLASCHEN
RHABARBERSIRUP

1 kg Rhabarber
1 kg Zucker
Saft von 2 Zitronen

1. Rhabarber putzen, waschen und klein schneiden. Auf ein Leinentuch geben, mit Zucker bestreuen und 1 Tag abtropfen lassen, dabei den Saft auffangen.

2. Am nächsten Tag den abgetropften Saft beiseitestellen und die Rhabarber-Zucker-Masse in einem Topf fein pürieren. 1,5 l Wasser hinzufügen und die Masse einige Zeit durchkochen lassen. Durch ein Sieb gießen und die gewonnene Flüssigkeit mit dem zuvor gewonnenen Rhabarbersaft mischen.

3. Diese Mischung bei mittlerer Temperatur etwa 30 Minuten köcheln lassen, mit Zitronensaft verfeinern und in sterilisierte Flaschen abfüllen.

FÜR 2 GROSSE FLASCHEN
HIMBEERSIRUP

1,5 kg frische, aromatische Himbeeren
1 kg Zucker

1. Himbeeren verlesen und waschen. In einem Topf 1 kg Himbeeren mit 1 l Wasser und dem Zucker aufkochen und etwa 10 Minuten köcheln lassen. Die Flüssigkeit im Anschluss durch ein feines Sieb gießen.

2. Die restlichen Himbeeren in zwei große sterilisierte Flaschen geben und mit dem Himbeersirup aufgießen.

FÜR 3 GROSSE FLASCHEN
HOLUNDERBLÜTENSIRUP

2,5 kg Zucker
30 Holunderblüten (mit Blütenstaub)
40 g Zitronensäure (aus der Apotheke)
3 Bio-Zitronen

1. In einem großen Topf 4 l Wasser mit dem Zucker aufkochen, auskühlen lassen und in eine Schüssel umfüllen. Holunderblüten vorsichtig reinigen und in den Zuckersirup tauchen. Die Zitronensäure einrühren.

2. Die Zitronen heiß waschen, trocken reiben und in Scheiben schneiden, auf den Blüten verteilen. Gut abgedeckt bei Zimmertemperatur mindestens 5 Tage stehen lassen. Dann die Holundermasse durch ein mit einem Leinentuch ausgelegtes Sieb in einen Topf gießen und den gewonnenen Sirup nochmals etwa 15 Minuten köcheln lassen. Noch heiß in sterilisierte Flaschen abfüllen.

ZITRONENSIRUP
MIT PFEFFERMINZE

HIER KOMMT DIE VIELLEICHT GESÜNDESTE ART, ETWAS MIT EINEM KILO ZUCKER ANZUSTELLEN. DASS DIE KOMBI AUS MINZE, ZITRONE UND ZUCKER EIN SCHMACKHAFTER KLASSIKER IST, WISSEN NICHT NUR COCKTAIL-TRINKER.

FÜR 1 GROSSE FLASCHE

20 g Pfefferminze
Saft von 15 Zitronen
1 kg Zucker

1. Die Pfefferminze waschen, trocken schütteln, die Blätter abzupfen und in eine sterilisierte Flasche geben.

2. Zitronensaft und Zucker kurz aufkochen und die Pfefferminze mit dem Sirup aufgießen. Die Flasche verschließen und den Zitronen-Minz-Sirup etwa 1 Woche ziehen lassen.

mein Tipp

Der Sirup hält sich verschlossen 2 bis 3 Monate – wie auch die drei Sirups auf der Seite davor.

HIMBEERKONFITÜRE
MIT VANILLE

WENN DU DEINEN GARTEN ZUFÄLLIG AUF DER INSEL LA RÉUNION STEHEN HAST, KANNST DU DIE VANILLESCHOTE IN DIESEM REZEPT AUCH NOCH SELBST ANPFLANZEN UND ERNTEN. WENN NICHT, BLEIBT DIR NUR DER – ZUGEGEBEN – TEURE GRIFF INS GEWÜRZREGAL.

FÜR 3 EINMACHGLÄSER (à 250 ml)

1 kg Himbeeren
1 Vanilleschote
500 g Gelierzucker (2 : 1)
1 Schuss Holunderblütensirup (am besten selbst gemacht; siehe S. 173)
1 Schuss Pernod (Anisée)

1. Die Vanilleschote längs aufschneiden und das Mark mit einem Messerrücken herauskratzen.

2. Die Himbeeren verlesen, waschen und mit Gelierzucker, Vanillemark und -schote sanft zum Kochen bringen. Alles etwa 3 Minuten kochen lassen.

3. Die Konfitüre nach Belieben durch ein Sieb drücken, um die Kerne zu entfernen. Die noch heiße Masse mit Holunderblütensirup und Pernod aromatisieren und in sterilisierte Einmachgläser abfüllen. Diese verschließen und auf den Kopf stellen. Die Konfitüre so abkühlen lassen.

mein Tipp

Du willst die Marmelade über lange Zeit haltbar machen? Dann musst du die verschlossenen Gläser etwa 30 Minuten unter Dampf bei 100 °C sterilisieren.

Johannisbeeressig 2021
Himbeeressig 2021

HIMBEER- UND
SCHWARZE-JOHANNISBEER-ESSIG

FÜR 2 FLASCHEN À 0,75 L HIMBEERESSIG

800 g Himbeeren
1 l milder Tafelessig (5 %)

Die Himbeeren verlesen und in eine große Flasche mit weitem Flaschenkopf (damit die Beeren nicht zerdrückt werden) füllen. Mit dem Essig auffüllen und den Himbeeressig verschlossen mindestens 3 Monate ziehen lassen.

FÜR 2 FLASCHEN À 0,75 L SCHWARZE-JOHANNISBEER-ESSIG

800 g Schwarze Johannisbeeren
1 l milder Tafelessig (5 %)

Die Johannisbeeren verlesen, waschen, von den Rispen streifen und in eine große Flasche mit weitem Flaschenkopf (damit die Beeren nicht zerdrückt werden) füllen. Mit dem Essig auffüllen und den Johannisbeeressig verschlossen mindestens 3 Monate ziehen lassen.

mein Tipp

Auf dieselbe Weise kannst du auch Essig aus Roten Johannisbeeren zubereiten.

SENFGURKEN
MIT DILL

DU HAST SENFKÖRNER ÜBRIG? DANN SOLLTEST DU MAL VERSUCHEN, SENF SELBST HERZUSTELLEN. IM MÖRSER EINFACH KÖRNER, ESSIG, ZUCKER, SALZ UND ETWAS KURKUMA ZU EINER PASTE MAHLEN, DIE NACH SENF AUSSIEHT, RIECHT UND SCHMECKT.

FÜR 2 EINMACHGLÄSER (à 500 ml)

50 g Stiele Dill
2 Zwiebeln
2 kg Senfgurken
¼ l Weißweinessig
¼ l Kräuteressig
500 g Zucker
1 EL Senfkörner
1 getrocknetes Lorbeerblatt
8 Pfefferkörner
6 Pimentkörner
2 EL Salz

1. Den Dill waschen und trocken schütteln. Die Zwiebeln schälen und in Scheiben schneiden. Die Gurken schälen, klein schneiden und mit dem Dill und den Zwiebeln in sterilisierte Einmachgläser füllen.

2. Beide Essigsorten mit ½ l Wasser, Zucker und Gewürzen in einem Topf mischen, aufkochen und 5 Minuten kochen lassen.

3. Den Gewürzsud sofort über die Gurken in die Gläser gießen. Die Gläser verschließen und die Gurken dann mindestens 3 Wochen ziehen lassen.

mein Tipp

Die Senfgurken sind die perfekten Begleiter zur klassischen Wurst- oder Käsebrotzeit bzw. -vesper. Oder du snackst sie einfach so weg.

TOMATENSUGO
MIT ITALIENISCHEN KRÄUTERN

BEI GRUNDSTÜCKEN HEISST ES LAGE, LAGE, LAGE. BEIM SUGO: LÄNGE, LÄNGE, LÄNGE! UND WENN DU NOCH, NE VIERTE ODER FÜNFTE STUNDE DRANHÄNGST, UMSO BESSER!

FÜR 4 EINMACHGLÄSER (à 500 ml)

- 2 kg gemischte sonnengereifte Tomaten
- 2 große Zwiebeln
- 4 Knoblauchzehen
- 10 g Rosmarin
- 10 g Zitronenthymian
- 20 g Oregano
- ca. 4 EL Olivenöl
- Zucker
- Salz
- Cayennepfeffer

1. Die Tomaten waschen und grob in Würfel schneiden, dabei die Stielansätze entfernen. Die Zwiebeln schälen und in kleine Würfel schneiden. Den Knoblauch schälen und in dünne Scheiben schneiden. Die Kräuter waschen und trocken schütteln, die Blätter abzupfen und grob hacken.

2. Das Olivenöl in einem großen Topf erhitzen und die Zwiebelwürfel darin andünsten. Tomaten und Knoblauch hinzufügen. Alle Kräuter dazugeben und untermischen. Mit Zucker, Salz und Cayennepfeffer würzen. Das Ganze etwa 3 Stunden bei schwacher Hitze köcheln lassen.

3. Sofern man keine Tomatenschalen mag, kann man die Masse nach dem Köcheln noch durch die Flotte Lotte streichen. Den Tomatensugo nochmals abschmecken, in die sterilisierten Einmachgläser abfüllen und ggf. einkochen (siehe Tipp).

mein Tipp

Ohne Einkochen ist der Tomatensugo etwa zwei Wochen haltbar. Wenn du ihn einkochst, hält er bis zu neun Monate. Und so geht's: Den Backofen auf 100 °C vorheizen. Die Gläser mit dem Sugo auf ein tiefes Backblech stellen (sollten sich nicht berühren) und diese zu etwa einem Drittel mit Waser füllen. In den Ofen auf die mittlere Schiene geben und den Sugo etwa 1 Stunde einköcheln lassen.

CONFIERTE TOMATEN
MIT KNOBLAUCH

CONFIEREN HEISST NICHTS ANDERES ALS EINKÖCHELN, EINMACHEN ODER EINLEGEN. SO WERDEN FRÜCHTE ZU KONFITÜRE, GÄNSEKEULEN ZIEHEN IN WARMEM ÖL GAR. ODER REIFE KIRSCHTOMATEN BADEN EBEN IN ÖL, UM IHREN GESCHMACK AUF DIE SPITZE ZU TREIBEN.

FÜR 2 EINMACHGLÄSER (à 300 ml)

500 g Kirschtomaten
1 Zweig Rosmarin
1 Zweig Thymian
600 ml Olivenöl
Salz
Zucker
2 Knoblauchzehen

1. Den Backofen auf 80 °C vorheizen. Die Kirschtomaten waschen und halbieren. Die Kräuterzweige waschen und trocken tupfen.

2. Etwa die Hälfte des Olivenöls in ein tiefes Backblech geben, kräftig salzen und 1 Prise Zucker auf das Öl streuen. Darüber dann die halbierten Kirschtomaten geben und komplett mit dem restlichen Olivenöl bedecken. Die ungeschälten Knoblauchzehen und die Kräuter in dem Öl absenken. Nochmals alles leicht salzen.

3. Das Blech in den Ofen auf die mittlere Schiene geben und die Tomaten etwa 4 Stunden garen.

4. Wenn die Tomaten sehr wässrig sind, dauert es etwas länger – sie müssen angetrocknet und tiefrot sein. Die confierten Tomaten gleich weiterverarbeiten (z.B. für ein rotes Pesto) oder in Einmachgläser füllen und ggf. einkochen (siehe S. 183).

BÄRLAUCHKAPERN
MIT PFEFFER

DU KENNST BÄRLAUCHKAPERN NOCH NICHT? GESTATTEN: DIE ELEGANTE KLEINE SCHWESTER VOM MANCHMAL ÜBERMÄCHTIG INTENSIV SCHMECKENDEN BÄRLAUCH IN BLATTFORM.

FÜR 1 EINMACHGLAS (200 ml)

- 120 ml Weißweinessig
- 1 EL Salz
- 1 EL Zucker
- 5 Pfefferkörner
- 150 g Bärlauchkapern (noch nicht geöffnete Bärlauchblüten)

1. Den Essig mit 50 ml Wasser, Salz, Zucker und Pfefferkörnern in einem kleinen Topf aufkochen.

2. Die Bärlauchkapern in ein Einmachglas geben und mit dem heißen Gewürzsud übergießen.

3. Die Bärlauchkapern mindestens 2 Wochen stehen lassen, damit sie gut durchziehen können. Je länger die Standzeit, umso besser schmecken sie.

meine Tipps

Du willst die Bärlauchkapern noch länger aufbewahren? Dann kannst du sie auch einkochen (siehe S. 183).
Die Bärlauchkapern sind ein tolles Topping zu Tatar. Oder sie schmecken auch einfach pur als Snack.

SALZGURKEN
WIE BEI OMA

ICH HABE ES JA IN DIESEM BUCH SCHON HÄUFIG ERWÄHNT:
WAS HAT MEINE OMA NICHT ALLES GUTES IN MEIN LEBEN GEBRACHT.
DIESE SALZGURKEN GEHÖREN OHNE FRAGE DAZU.

FÜR 1 EINMACHGLAS

Salz
10 Salzgurken
2 Stiele Dill
2–3 Knoblauchzehen

1. In einem Topf 1 l Wasser mit 1 gehäuften EL Salz aufkochen und wieder komplett abkühlen lassen.

2. Inzwischen die Gurken einwässern und bürsten. Den Dill waschen und 1 Stiel in ein großes sterilisiertes Einmachglas geben. Die Gurken mit einer Gabel jeweils zwei- bis dreimal anstechen und in das Glas auf den Dill stapeln. Den zweiten Dillstiel und den geschälten Knoblauch obendrauf geben.

3. Das erkaltete Salzwasser in das Glas gießen. Verschließen und die Gurken bei Zimmertemperatur 5 bis 6 Tage durchziehen lassen.

mein Tipp

Eine alte Methode, um zu überprüfen, ob der Salzgehalt genau richtig ist: Dazu gibst du ein rohes Ei in das ungekochte Wasser. Wenn sich das Ei hochkant aufstellt, ist der Salzgehalt perfekt. Ansonsten noch etwas nachsalzen, verrühren und warten, bis das Ei aufrecht steht.

BACHSTELZE
MARÍA
OSTZONE

TOMATENMARMELADE
MIT CHILI

FÜR MICH DER GEHEIMTIPP UNTER DEN TOMATENREZEPTEN, DENN TOMATENMARMELADE IST VIELFÄLTIG EINSETZBAR: ZU GEGRILLTEM FLEISCH, AUFS BUTTERBROT ODER ZUM VERFEINERN VON SAUCEN.

FÜR 3 EINMACHGLÄSER (à 200 ml Inhalt)

750 g Tomaten
2 rote Chilischoten
200 g Gelierzucker (3:1)
10 g Bohnenkraut
1 Bio-Zitrone
Salz
Pfeffer aus der Mühle

1. Die Tomaten waschen, vierteln und die Stielansätze entfernen. Die Viertel in kleine Würfel schneiden. Die Chilischoten längs halbieren, entkernen, waschen und in feine Würfel schneiden.

2. Tomaten und Chilis mit dem Gelierzucker in einem Topf mischen, aufkochen und etwa 5 Minuten sprudelnd kochen lassen.

3. Das Bohnenkraut waschen und trocken schütteln, die Blättchen abzupfen und fein hacken. Die Zitrone heiß waschen, trocken reiben und die Schale fein abreiben. Den Saft auspressen.

4. Die Tomatenmarmelade mit Salz, etwas Pfeffer, Bohnenkraut sowie Zitronenschale und etwas Zitronensaft abschmecken und noch heiß in sterilisierte Einmachgläser füllen. Die Gläser verschließen, auf den Kopf stellen und abkühlen lassen.

mein Tipp

Die Marmelade ist verschlossen mindestens 2 Monate haltbar. Und wenn du sie einkochst (siehe Tipp S. 183), sogar noch länger.

*»Ich liebe Stachelbeeren!
Und am meisten liebe ich es,
sie direkt vom Strauch
in den Mund zu befördern …«*

SACHREGISTER

REZEPTREGISTER

ZUR AUTORIN

Wer sein Label MARIA OSTZONE nennt, muss entweder eine spezielle Vorliebe für die ehemalige DDR haben, aus selbiger stammen oder mit besonders viel Humor gesegnet sein. **Maria Groß** verkörpert genau all das. Die 39-jährige Erfurterin ist über einen Nebenjob während ihrem Philosophiestudium zum Kochen gekommen, wurde mit einem Michelin Stern ausgezeichnet und hat das gute alte Ausflugslokal „Bachstelze" zu einem Hot Spot für alle gemacht, die auf den Mix aus Vintage und Lifestyle abfahren.

Weitere Bücher der Autorin bei ZS:

→ Maria

→ Groß & Fett

FOOD FOTOS

Im Buch enthaltene Fotos können zur eigenen Nutzung erworben werden unter ***www.stockfood.de***

IMPRESSUM

Hinter jedem tollen Buch steckt ein starkes Team

Projektleitung: *Eva-Maria Hege*
Texte: *Nina Schnackenbeck, Christian Löwendorf*
Rezepte: *Maria Groß*
Lektorat: *Gerti Köhn, Eva-Maria Hege*
Redaktionelle Mitarbeit: *Isabella Thiel*
Grafisches Konzept & Cover: *Katharina Fesl*
Grafische Gestaltung und Satz: *Catharina Burmester*
Illustrationen: *siehe Bildnachweis*
Fotografie: *Adrian Liebau; andere siehe Bildnachweis*
Foodstyling: *Maria Groß*
Herstellung: *Frank Jansen*
Producing: *Jan Russok*
Druck & Bindung: *optimal media GmbH, Röbel*

1. Auflage 2022

Kaiserstraße 14 b
D-80801 München
ISBN: 978-3-96584-202-1

BILDNACHWEIS

SHUTTERSTOCK: aga7ta: S. 45; AlexGreenArt: S. 10, 32, 51; anemad: S. 61; aniana: S. 82; anitapol: S. 42, 51; Ann Merrow: S. 38; Anna Suprunenko: S. 28; annamyslivets: S. 51; ASolo: S. 51; Daria Ustiugova: S. 13, 20, 26, 38, 51, 57, 68, 73; Dneprstock: S. 51, 62; Dudikov Sergey: S. 37; Ekaterina Glazkova: S. 51; Ekaterina Mikheeva: S. 42; Elena Medvedeva: S. 57; Equitano: S. 54; Hazano Sun: S. 27; Innakote: S. 61; L. Feddes: S. 78; Luxtory: S. 22; Margarita L: S. 51; Maria Mirnaya: S. 6, 87; mila_leev: S. 19; MyStocks: S.67; natnatnat: S. 46; Nikolay Dimitrov - ecobo: S. 41; nld: S. 10, 81; Olesya Turchuk: S. 1, 28; Olga_Serova: S. 16, 32, 46, 81; Plateresca: S. 51; SakSa: S. 53; vector_ann: S. 15;Wolf_139: S. 31

LIEBE LESER*INNEN

wie schön, dass Sie ein Buch von ZS in den Händen halten. „jetzt leben!“ ist das Motto unseres Verlages. Es steht für Genuss und Inspiration, Unterstützung und Motivation. Ob Kulinarik oder Fitness, Gesundheit oder Lebenshilfe – seit über 30 Jahren bieten wir kompetente Ratgeber für (fast) alle Lebenslagen. Wir lieben Tradition genauso wie Innovation – sie treiben uns an. Unsere Autor*innen sind Menschen, die zu ihrem Thema wirklich etwas zu sagen und zu schreiben haben. Unsere Produkte sind erzählerisch, appetitmachend und als gedruckte Bücher haptisch echte Erlebnisse. Für Sie mit ganz viel Liebe gemacht! Entdecken Sie mehr aus unserer wunderbaren Welt!

UNSER VERLAGSHAUS

Mit Standorten in München, Hamburg und Berlin zählt die Edel Verlagsgruppe zu den größten unabhängigen Buchanbietern Deutschlands. Zur Edel Verlagsgruppe gehört unter anderem ZS mit seinen Lizenzmarken Dr. Oetker Verlag, Kochen & Genießen und Phaidon by ZS.

ZS - Ein Verlag der Edel Verlagsgruppe
www.zsverlag.de
www.facebook.com/zsverlag
www.instagram.com/zsverlag

FÜR DIE UMWELT

ZS unterstützt bei der Produktion dieses Buches das Projekt „Junge Riesen für die nächsten 100 Jahre“ im Naturpark Nossentiner/Schwinzer Heide. Damit wird ein Anteil der unvermeidbaren CO_2-Emissionen im direkten Umfeld des Produktionsstandortes kompensiert.

PARTNER Naturpark Nossentiner / Schwinzer Heide
www.optimal-media.com/naturschutzprojekt-001

NEWSLETTER

Ab sofort keine kulinarischen Trends mehr verpassen und gleichzeitig einen Kochkurs mit einem Spitzenkoch von ZS gewinnen?

Melden Sie sich jetzt beim ZS Newsletter an und bleiben über neue Bücher, Themen-schwerpunkte und News immer informiert.

ANMELDEN!

Jetzt anmelden unter:
www.zsverlag.de/newsletter

GEWINNEN

Unter allen Neuabonnierenden verlosen wir jeden Monat *10 neue Bücher* und jährlich einen *Kochkurs* mit einem Spitzenkoch von ZS.